U0023762

思潮與大師經典漫畫叢書

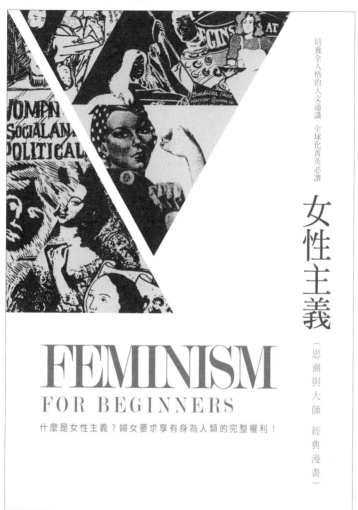

培養全人格的人文通識 全球化菁英必讀

女性主義

〔思潮與大師 經典漫畫〕

# FEMINISM
## FOR BEGINNERS

什麼是女性主義？婦女要求享有身為人類的完整權利！

原著◎SUSAN ALICE WATKINS
繪畫◎MARISA RUEDA、MARTA RODRIGUEZ  朱侃如◎譯

# 《啟蒙學叢書》／序

傅偉勳

　　「啟蒙」（enlightenment）一辭起源於十七、八世紀歐洲啟蒙運動。此一運動的倡導者深信，通過古希臘異教傳統所強調的科學知性與哲學理性，以及承繼此一傳統的文藝復興人本主義、理性主義精神的發揚，人類不但能夠增廣知識，且能獲致真正的幸福。他們相信人文理性本位的歷史文化進步性，而與既成宗教威權形成對立，提倡自然宗教甚至懷疑論或無神論，期求人類從矇昧狀態徹底解放出來。此一運動功過參半，然而因其推進終於導致現代社會具有多元開放性、民主自由性的文化學術發展以及文化啟蒙教育的極大貢獻，乃是不可否認的事實。

　　在東方世界，日本可以說是率先謀求傳統的近現代化而大量引進西方文化學術，推行全國人民啟蒙教育的第一個國家。明治維新時期的「文明開化」口號，算是近代日本啟蒙運動的開端，而著名的岩波書店為首的許多日本出版社，也能配合此一大趨向，紛紛出版具有文化啟蒙意義的種種有關人文教養、一般科學知識、西方哲學等等叢刊（尤其具有普及性的「文庫版」之類），直至今日。依我觀察，日本今天的一般人民文化素養，已經超過美國，實非一朝一夕之故。

近與立緒文化公司獲致共識，設此「啟蒙學」叢書，希望通過較有文化學術基層啟迪性的書籍出版，能為我國亟需推廣的文化學術啟蒙教育運動稍盡微力。我們的初步工作，便是推出相關的漫畫專集，通過本系列漫畫譯本的閱讀，包括中學程度的廣大讀者當會提升他們對於世界大趨勢、學術新發展、歷史文化新局面等等的興趣與關注。我們衷心盼望，廣大的我國讀者能予肯定支持我們這套叢書的企劃工作。

序於美國聖地亞哥市自宅
一九九五年九月三日

啟蒙學叢書主編／傅偉勳／美國伊利諾大學哲學博士，任教台灣大學、伊利諾大學、俄亥俄大學等校哲學系之後，轉任天普大學宗教學研究所，主持佛學暨東亞思想博士班研究共二十五年。民國八十四年起兼任中央研究院中國文哲所研究講座一年，天普大學名譽教授，聖地亞哥州立大學亞洲研究聯屬教授，以及佛光大學（南華管理學院）哲學研究所專任教授。不幸於民國八十五年年底病歿。

**什麼是女性主義(Feminism)？**
婦女要求享有身為人類的完整權利！

向男人（所有男人為一個族群）和女人（所有女人為另一族群）之間的關係挑戰……

……並且反抗所有造成女人無自主性、附屬性和屈居次要地位的權力結構、法律和習俗。

所有女性為爭取自己權益有意識的共同合作 —— 這是我們戰勝男人的唯一方法！

女性主義是向世界上的勞力分配挑戰，原有的勞力分配讓男人得以控制所有的公共領域——工作、運動、戰爭、政府——而女人成為家庭中不支薪的奴工，承擔整個家庭生活的重擔。

## 在女性主義初露曙光之前

歷史上即出現不少擁有卓越權力、
勇氣和才能的女性。
為大家所熟知的例子包括著名的女王和皇后，
勇敢的女勇士、聖人、巫師、
科學家、詩人及藝術家。
她們是女性歷史上的名人。
但是那只是一些個案，因為她們沒有
（同時也無能力）產生重大影響，
或改進當時大多數平凡、
受壓迫女性的社會狀況及地位。

改變女性從屬地位的故事也是由女性主義開始的。而女性主義自何時開始呢？答案是：當婦女開始有意識的組織自己，並且這個組織大得有足夠效率來改變女性的境遇。這是經過許多許多世紀才完成的。在一段很長的時間內，有組織的婦女行動一直無望的受制於許多長期累積的不利因素。

鮑兒笛希亞（Boadicea，死於西元一世紀）不列顛島一部落女王，對抗羅馬入侵時，戰敗服毒而死。

侍女紫式部（Lady Murasaki Shikibu，大約西元 978—1026）日本第一部長篇小說《源氏物語》的作者

伊麗莎白女王一世（1533－1603）偉大的英國君主。她啟發了英國的文藝復興。

Boadicea (a Warrior Queen defied the Ror Conque

Lady Murasaki Shikibu (c.978-1026) Japanese Author of the first full length novel The Tale of Genji

Queen Elizabeth I (1533-1603): Britain's great sovereign who inspired the English Renaissance.

——我們是得天獨厚的一群。有數百萬計的婦女曾經為此而戰、而愛、而死。並且為編織無盡的女性歷史貢獻出力量。

莎弗（Sappho，大約西元前650年）古希臘偉大女詩人

凱撒琳女皇（1729－96）統治俄國達三十五年。「開明的專制君主」和改革者。

聖女貞德（1412－31）法國戰士和擁立國王者。十九歲時被處死。

墨西哥學者兼詩人瓊安娜・英那思修女（Sister Juana Inés）是女性在脫離父權束縛前數個世紀的「獨立婦女」典範。她選擇了那個時代典型的決定——以修道院代替婚姻、丈夫和小孩。至少在修道院內她可以讀書，並寫下拉丁美洲詩史中的第一篇重要作品。儘管如此，宗教法庭終究迫使她沈默下來。

瓊安娜修女對女性缺乏教育機會，和以女性應柔順為由而
制定的不公平待遇，同樣感到憤慨。這種有史以來不名譽
的雙重標準，惡化男女間關係的元凶，難逃她的法眼。她
並且極為準確的把這個現象描述出來：

　　錯誤的指控女人，
　　你愚蠢的男人，
　　假如你沒能看出，
　　你正是造成你所譴責事物的原因。
　　如果你擁有無盡的焦慮，
　　那麼你將自取其辱，
　　為什麼要求女人三從四德，
　　自己卻不能守貞？
　　你對女人的抗拒進擊，
　　然後，你嚴正的數落女人，
　　認為是女人以淫蕩的方式，
　　誘使你墮入這般田地。
　　在失敗者的情緒中，
　　誰該受到更大的責難？
　　是墮入男人誘惑的女人，
　　或是誘惑女人的墮落男人？
　　雖然正確的說，沒有人是純潔無染的，
　　但誰是那有罪的？是收受酬勞而有罪的女人，
　　還是為原罪付費的男人？

**過去的封建社會……**

直到十八世紀，歐洲社會基本上是由國王、擁有廣大土地的貴族，以及傳教士所組成的封建體系。他們統治為數不多的技工、商人和農夫。那時，工作場所就是在住家附近的農莊或工廠。雖然男人和女人的工作性質和酬勞各有不同，但他們基本上是工作在一塊兒的。

製造業和大城市的興起卻開始將工作與家庭分開來。並在歷史上首創男人是「賺取麵包的人」，而女人是在經濟上依賴男人的「家庭主婦」等概念。

工業化的發展促成新的社會階層——也就是沒有擁有土地
的勞工以及成長中的郊區中產階級。

新的不安全感帶來了一股要求自由的新渴望！

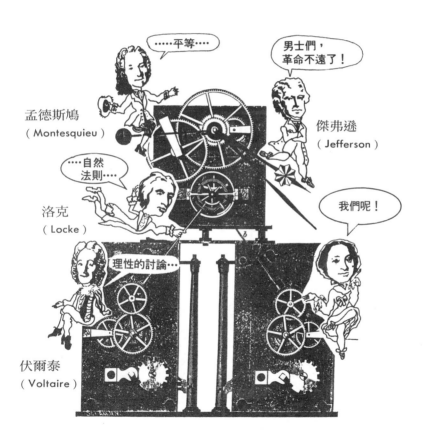

## 啟蒙時代(Enlightenment)

到了十八世紀中葉，一個由各國啟蒙思想家組成的團體，開始挑戰封建社會的暴君制度。而封建社會的基礎正是國王、教會和貴族的世襲特權。他們一方面反對君主的「君權神授」，一方面批評「人類的權利」。他們為不滿當時現況的新生中產階級發出不平之鳴。這群成長中的中產階級渴望改進，並且對由老化、呆板、腐朽的封建神職人員所帶來的不平等，早已倒盡胃口，在這股騷動中，女性亦開始提出女性不平等的問題——並且挑戰男人所帶來的家庭暴政！

啟蒙哲學家中的重要一員為盧挷（Jean-Jaques Rousseau, 1712－78），他是日內瓦製錶工匠的兒子。他攻擊所有的社會不公——但很顯然的忽視了其中的一項。在一本有關教育的初期作品《愛彌兒》（*Emile*, 1762）中，盧梭寫著……

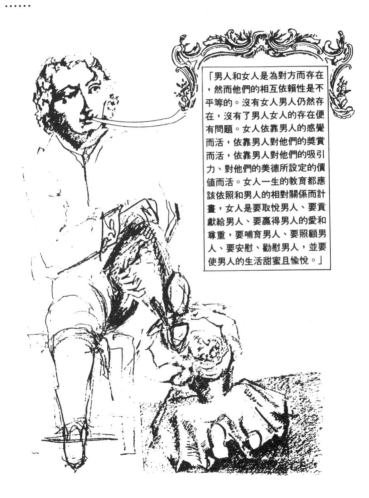

「男人和女人是為對方而存在，然而他們的相互依賴性是不平等的。沒有女人男人仍然存在，沒有了男人女人的存在便有問題。女人依靠男人的感覺而活，依靠男人對他們的獎賞而活，依靠男人對他們的吸引力、對他們的美德所設定的價值而活。女人一生的教育都應該依照和男人的相對關係而計畫，女人是要取悅男人、要貢獻給男人、要贏得男人的愛和尊重，要哺育男人、要照顧男人、要安慰、勸慰男人，並要使男人的生活甜蜜且愉悅。」

### 瑪麗，瑪麗，完全相反……

約在同時，法國對岸的英國，一位意志堅定且具叛逆性的小女孩正逐漸長大。她將挑戰類似盧梭提出的那套滿足男性自我崇拜的說法。瑪麗·伍史東考夫特（Mary Wollstonecraft, 1759－97）出生於一個農家。她爸爸是一位只會騷擾別人，不中用的農夫，並有酒後暴力的傾向。瑪麗的母親則是一位性格隨和的愛爾蘭女人。

瑪麗從小便下定決心要過完整且具生命力的一生。她由艱困的個人經驗中體驗出一個獨立女性所要面對的障礙。她設法養活自己並且教育自己。在1783年時，瑪麗存夠了錢，在倫敦北部的紐頓葛林（Newington Green）創辦了一所女子學校。

喔！不要再是個女兒！

我比較喜歡兒子！

學校的教員包括我的姊妹，好友芬妮·布拉得（Fanny Blood）及我自己。

我們的學生從來不超過十二人。

連老師也是新手，同時也在自我教育！

男人自己稱為精神和機智的東西，卻很殘酷的壓迫到女人身上。

瑪麗的鄰居都是一些反英國國教人士——激進的長老教派人士、浸信教徒和獨立份子。他們被排除於公共和市政機構單位，以及大學之外。他們組成自己的異議學院，那兒充斥著自由論辯的空氣，啟蒙時代的各個概念也得以公開討論著。

在 1786 年，瑪麗經歷了一連串的災難——芬妮死了，學校破產。她充當了愛爾蘭貴族京士埠（Kingsboroughs）的女家教達一年之久。

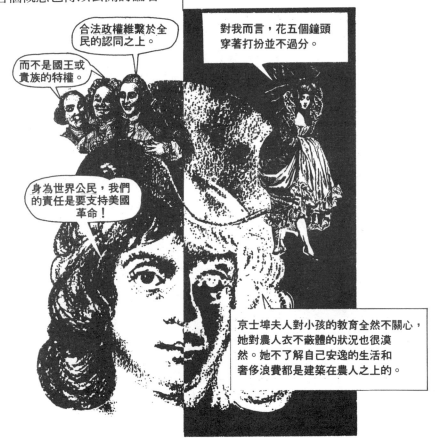

合法政權維繫於全民的認同之上。

而不是國王或貴族的特權。

身為世界公民，我們的責任是要支持美國革命！

對我而言，花五個鐘頭穿著打扮並不過分。

京士埠夫人對小孩的教育全然不關心，她對農人衣不蔽體的狀況也很漠然。她不了解自己安逸的生活和奢侈浪費都是建築在農人之上的。

透過她的反動份子朋友，瑪麗認識了喬瑟夫・強生。他是倫敦一位出版商，也支持社會上所有被壓迫的對象——奴隸、猶太人、掃煙囪的人，被虐待的動物，無家可歸者，和飢寒交迫者。到了 1788 年，瑪麗已成為常在強生店裡進出人士中的核心份子。她定期和其他激進作家在強生位於聖保羅教堂廣場的印刷廠碰面。

1789 年法國大革命爆發了，英國國內的政治熱度也達到了高點，以回應對岸的大變革。

### 國王的皇家暴政以及男人的家庭暴政

瑪麗的朋友湯姆‧潘恩（Tom Paine）回到英國。他在美國待了十五年，充分感受到因實驗立憲制度所引發的一股令人振奮的革命氣息。潘恩後來在他極具影響力的書《人類的權利》（ *The Rights of Man*,1791 － 92）中極力為美國和法國的立憲者辯護，因此被認為有反對皇家的叛國嫌疑，而在 1792 年被判決了死刑，幸好因為布雷克的及時警告，潘恩逃到了法國。

同一年瑪麗也開始著手進行一篇長達三百頁的聲明，《婦女權利的辯白》（ *A Vindication of the Rights of Woman,* 1792 ），在這份聲明裡，啟蒙的概念首次應用到女性身上，一上市後立刻成為暢銷書，並成為當代女性主義的基石。

男人加諸女人的家庭暴政，和國王加諸其子民身上的皇家暴政一樣可惡！

此時瑪麗已投注其全部精力，來對付阻礙女性以行動爭取平等的首要障礙──**家庭暴政**！否定婦女參與政治、受教育及工作平等的權利即是暴政。而在婚姻中，女人財務上依靠男人則是「合法賣淫」。

對大多數婦女而言，她們仍有一段長路要走。瑪麗宣稱所謂女性氣質是一種結構性問題──女人生而平等，但卻被教育成附屬的、柔弱的、沒有思考能力的人。「她被教育成是男人的玩物，一隻在男人身邊發出響聲的玩具，不論男人要求取悅他的理由是什麼，她都必須隨時在一邊陪笑著。」

瑪麗在《婦女權利的辯白》一書中清澈嘹亮的呼籲聲，貫穿影響了好幾世紀。她認為男女行為標準應該是一致的，她要求女性應該有獨立工作之權，有受教育之權，有享受公民及政治權力之權。這些主張至今仍構成女性主義運動的基礎。

她悲嘆丈夫出外賺錢買麵包，而太太留守家中的勞力分配方式，因為留在家中的女人就像是被困在籠中的羽毛動物。沒錯！男人供給女人食物和衣服，女人不需要去耕種及編織，但卻要付出健康、自由和美德做為交換代價。

她呼籲全球性的合作教育計畫，以及婦女在專業領域的工作權利：「准許女性學習醫療的藝術，女人可以是護士，也可以當醫生。

「我急切的想要知道在性別差異全部消除之後的情況……只剩下愛心關懷的部分！

如果她們能夠在更有秩序的學習方式下受教育，女人可以從事政治和各種不同的工作。不知道有多少婦女虛擲了生命？她們極可能成為執業醫生，可以管理農場，經營店舖，會因為擁有自己的事業而獨立站出，而不再垂頭喪氣，沒有自信。」
她不斷深入探討，建議女人應該擁有自己的民意代表，而不再任意由男人統治。

我不願成為那接受愛情的女人，我要成為你生命中不可或缺的‥

瑪麗於 1793 年到法國實地考察法國大革命進行的情形。在巴黎，三十四歲的她深深愛上一位自陸軍上尉退役的美國人，吉伯特‧英列（Gilbert Imlay,1754 － 1828 ）。瑪麗期盼和英列終身廝守，但身為冒險家，曾涉入不名譽商業交易的英列並不這麼想。

在法國大革命的恐怖高峰期，身懷六甲的瑪麗獨自一個人待在巴黎，當時正有無數犧牲者喪生斷頭台下。她連續寫了好幾封信給英列。「我的靈魂是脆弱的——我的心生病了。」在他們的孩子芬妮誕生時，英列回到瑪麗身邊，但是沒過多久，又以籌措資金為由，派遣瑪麗到北歐半年，在這段期間內，英列和一位女演員在巴黎築了香巢。

受盡愛情折磨的瑪麗在 1795 年跳下普尼橋（Putney Bridge）試圖自殺。她自殺不成卻因禍得福，自對英列的迷戀中解脫。可嘆的是，她只剩下兩年的生命了。

瑪麗再度過起自力更生的日子，並開始和主張無政府主義的哲學家威廉‧葛溫（William Godwin）交往。葛溫在1790 年叛國罪大審判中，曾極力為英國的共和主義人士辯護。瑪麗於 1797 年因為難產去世，嬰兒小瑪麗幸而存活下來。小瑪麗長大後和英國著名浪漫詩人雪萊（Percy Bysshe Shelley）結婚，並寫下歷史上最偉大的科幻小說之一《科學怪人》（*Frankenstein, 1818*）。

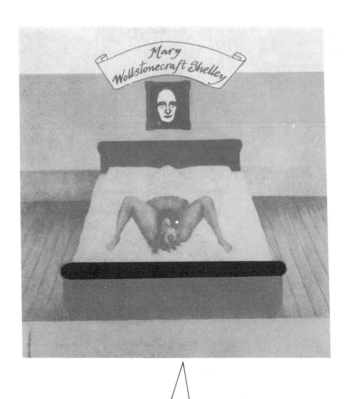

沒錯！瑪麗‧伍史東考夫特──科學怪人的外婆！

**法國大革命：1789**

瑪麗·伍史東考夫特的主張得到回響。法國大革命提供了婦
女排除掉所有舊習俗的機會，而且是發生在整體社會層面，
而非僅在個人層面上。

巴黎的勞動婦女是首先將事情掌握在自己手中的女性，1789年10月，立憲大會代表忙著爭辯討論法國的新憲法時，下層階級婦女——洗衣婦、女裁縫師、女傭、女店員、勞工太太——則爭相埋怨食物的短缺。於是有大約六千名婦女遊行至巴黎市政廳示威，要求政府降低物價。

**他們非常憤怒，而且不會接受「不」這個答案。**

### 激進派共和黨婦女(Jacobin Women)

法國革命份子分裂為激進的共和黨（Jacobins）和溫和的共和黨（Girondins）。前者要完全廢除掉君主政體，而後者主張君主立憲。

在巴黎諸多婦女團體中，革命婦女公民共和黨（Revolutionary Republican Women Citizens）是認同激進派共和黨的。這些婦女穿著紅白條紋的長褲，頭戴「自由無邊軟帽」，在示威中並隨身攜帶武器。她們主張婦女有投票權，並可擔任新共和政府中最高階層的文職及軍事職位。

### 溫和派共和黨婦女 (Girondin Women)

在溫和派共和黨的執政下，法國通過以女性為主導的離婚法。然而在激進派共和黨執政期間的 1793 年大恐怖時，許多法國早期的女性主義者亦隨著溫和的共和黨一起衰微了。

奧琳波‧都‧古茲 (Olympe de Gouge, 1748－93) 原名叫瑪麗亞‧古茲，是屬於溫和派共和黨。她出生於法國南部的摩托邦 (Montauban)，是一位貴族和屠夫太太的私生女。她長大後一直無法接受家鄉觀念偏狹的偏見，以及貴族父親對待她母親的方式。及至結婚並且生下兩個小孩後，她進一步對原來生活覺醒，於是跑到巴黎，改了名字，成為演員。

不久後，她開始寫劇本及小冊子，主張廢除奴隸買賣，為失業者設立共用的工作室，以及全國性的婦女專屬劇院。

奧琳波於 1791 年發表了《女權宣言》（*Declaration of the Rights of Women*），以回應國民會議所提出的《人權宣言》（Declaration of the Rights of Man），她呼籲婦女在法律、政治和教育上享受和男性同等的權利。

奧琳波製造太多問題，在激進派共和黨發動的大恐佈中，終於無法倖免於難。雖然生為共和黨員，奧琳波卻發表宣言，反對處死國王，這項舉動的代價便是奧琳波自己的腦袋。

斷頭台和劊子手——這些是革命的成果嗎？革命應該是法國的榮耀，革命不應該有兩性性別的差異，法國革命應該是世界各國的模範啊！在奧琳波走上斷頭台時，她仍這樣呼喊著。

在這股以男性為主導的革命洪流中，希羅歌妮‧馬西特（Théroigne de Méricourt,1766－1817）是另一個勇於批評此一現況的女性。她原名叫安‧約瑟芬‧德瓦妮（Anne‐Josephe Terwagne），是阿德尼斯（Ardennes）地區窮苦農家的女兒。在革命之前，她便已經來到巴黎，以充當權貴富豪的情婦為生。

我已經受夠了靠性訴求謀生的日子！

不久後，她開始在大型公開的女性聚會中演說，並穿著騎馬服以方便四處活動。

現在是女性採取行動的時候了！長久以來男人的忽視、傲慢和不公正造成這種連女人自己都感到羞愧的被動態度。讓我們再重振我們女性祖先、高盧和德國人的精神。她們不但在公開聚會演說，也和她們的丈夫並肩作戰。

她不過是另一個穿著馬褲的溫和派娼子

她違反自然法則！女人就應該待在家裡。

希羅歌妮同時也和溫和派共和黨結盟。她因為太過出眾而犧牲了生命。1793年六月某天當她走在突勒里斯（Tuileries）花園時，希羅歌妮受到一群激進派婦女的攻擊。

終其一生，她受盡了頭痛和持續性「憂鬱症」的困擾。在撒帕其爾（Salpêtrière）的瘋人院渡過餘生。法國的女性主義運動也隨之銷聲匿跡了。

在美國出現另一種形式的爭取女權鬥爭。爭取民主自由的法
國大革命是歐洲婦女意識到可能推翻「男人家庭暴政」的一
線曙光。而美國反奴隸制度運動則提供不同人種女性，以政
治型態組織反迫害者的機會。

### 地下逃生鐵道

其他黑人女奴隸則冒生命危險,藉由「地下鐵道」逃生。「地下鐵道」是美國南方的奴隸逃亡到北方自由州的秘密道路。哈莉‧杜曼(Harriet Tubman,1823 − 1913)是出生於馬里蘭州的女奴隸,她從小便是一位堅強且具冒險精神的小女孩。她在二十五歲時和兄弟一起逃到北方。

哈莉‧杜曼

哈莉成為地下逃生鐵道最著名的「車掌」之一。在她帶領下逃生成功的奴隸超過三百人。在逃生過程中,他們經歷一般人無法想像的風險,大部分冒險逃生的奴隸都是年輕的黑人男性,但是哈莉也幫助過懷抱嬰兒或小孩逃生的女奴隸。

愛倫‧克勞夫（Ellen Craft, 1826－91）出生於喬治亞州柯靈頓，她爸爸叫約翰‧史密斯，是棉花農場主人。他和白人老婆已有半打小孩，又和農場奴隸生下半打混血小孩，他強暴愛倫的母親時，她只有十七歲，是屋裡的奴隸。

我丈夫和家裡奴隸的私生子逼得我要發瘋了！

我淺色的皮膚及漂亮的外表激怒了史密斯太太

愛倫二十多歲時，她設法搬出主人的房子，住進屬於自己、僅有一個房間的小木屋，靠著幫人縫製衣服為生。不久她遇到一位以蓋木屋為生的年輕黑人威廉‧克勞夫。他們的主人特准他們住在一起。

愛倫將頭髮剪得短短的，偽裝成前往北方就醫的南方士紳。
她的手臂吊了起來，免得在需要寫字時會露出破綻。

長達一個多禮拜的旅程真是恐怖極了，一路上必須換搭著火
車和蒸汽船，愛倫四周盡是一些嗜酒如命的農場主人。

愛倫和威廉在波士頓的自由黑人區成立了新家，並成為反奴
隸組織內的活躍份子。然而 1850 年公布的「逃亡奴隸法」（
Fugitive Slave Law）逼得他們逃離美國前往英國。南北戰
爭後，他們回到了喬治亞老家，買下一座廢棄的農場定居
下來，愛倫利用那地方辦了一間學校，一直到她去世為止
，那間學校曾教育了不少黑人小孩。

索瓊娜・楚司（Sojourner Truth,1797－1883）原來叫做伊莎貝菈，她是紐約悠斯特郡一位荷蘭裔地主的第二代奴隸。

她在 1827 年時帶著最小的女兒一塊兒逃出主人家，並設法救出賣給阿拉巴馬州奴隸販子的兒子彼得。索瓊娜帶著兩個小孩到紐約靠幫傭為生。

稍後她加入紐約的福音傳道組織，到紐約惡名昭彰的「五點」（Five Points）紅燈戶區傳道，並成為非洲錫安山教會的一員。

到了 1843 年小孩都長大後，「她開始出外去走走，唱唱，傳道，同時愛在哪裡睡，便在哪裡睡」。

她在麻塞諸薩州碰到奴隸廢除論者，並經由他們開始接觸到新婦權運動。任何男人膽敢表示說女人「太脆弱了，不適合公眾生活」，索瓊娜都能讓他閉嘴。

那個男的說，女人要有男人
扶持才能坐上馬車，才能走過
山坡——我不是女人嗎？
我卻能夠和男人同樣辛苦
工作，同樣忍受鞭撻——我
不是女人嗎？我生了五個小孩
且眼睜睜看著他們幾乎都成
為奴隸。當我帶著女性的悲
傷哭喊時，只有耶穌一個人
聽到——我不是女人嗎？

「而我不是女人嗎？」

### 非裔美國人與爭取婦女權運動的關聯

1833 年,來自賓州費城的年輕黑人教友派(Quaker)教師莎拉‧梅波‧道格拉斯(Sarah Mapp Donglass,1806—82)發起成立了婦女反奴隸組織(Female Anti-Slavery Society)。和她共同發起的有哈莉特‧波維絲(Harriet Purvis)、莎拉‧富登(Sarah Forten)、瑪格麗特‧富登(Margaretta Forten),以及其他一些教友派白人女教友。

由於這些非裔美藉婦女的勇氣和堅持,加上來自婦女反奴隸組織的原有舞台基礎,美國白人婦女運動的先驅者,因而得到了靈感和政治教育。

妳願意加入我們嗎,露西亞姊妹?

弗德瑞克‧道格拉斯
(Frederick Douglass)

「我是教友派教徒，從小被訓練成能夠在公眾面前演講及傳教。我願意當反奴隸組織的代言人！誰又知道呢？如果婦女能夠參與政治，目前混亂的政治生態或許有全面性改變的可能。

露西亞・莫特（Lucretia Mott,1791－1850）在自己強烈的決心中，融合對不公正和荒謬的憤恨，以及對荒謬的強烈感覺。她是一位船長的女兒，在南答科特島（Nantucket）出生並長大，她生活的環境中都是一些堅強獨立的女性，她們的丈夫一次出外航行經常是要好幾年才回來。

露西亞起居室的書桌上經常保有一份瑪麗・伍史東考特的《婦女權利的辯白》。

露西亞一方面傳教，一方面養育五個小孩，同時也要教書，卻一點也不感到疲倦。

奴隸問題使得教友派運動從頭到尾的分裂，露西亞對這一點上站在強烈堅持原則的立場，並且將她的丈夫拉到自己這一邊。

搬到費城之後，露西亞很快的加入熱戰方酣中的反奴隸組織，並且在動搖這個組織的各方爭論中採取強烈的立場。

應該准許黑人和白人一樣公平的參與各項活動嗎？

應該准許女人在公開聚會中發言嗎？

對，對，毫無疑問的！為什麼女人不應該追尋成為改革者的理想？如果女人滿足於男人指定給她的狹窄活動範圍，那真是可悲啊！

受到費城白人市長的煽動，主張種族主義的暴力份子攻擊了市政廳。當時露西亞正主持 1833 年婦女反奴隸組織的第一次會議。會議中格蜜柯（Grimke）姊妹莎拉（Sarah, 1792 － 1873）和安琪里拉（Angelina,1805 － 79）的言論特別招惹了群眾的憤怒。

男人認為女人是男性意志的附庸，女人是供男人自己的私心和舒適之用。為貶抑並奴役女人的心靈，男人會做出任何事來。

……而男人在自己造成的廢墟上驕傲的四下環視，並且宣稱女人是次等的！

她們是南卡羅萊納州查爾斯敦（Charleston）一位富有農場主人的女兒。她們自自己的家庭、種族、社會階層和性別決裂出來。並不惜遠道而來，專程在包含各色人種的聽眾面前譴責奴隸制度。

雖然受到持續的阻礙，反奴隸制度婦女已決心表達出她們
的意見，並確實為自己在反奴隸組織中贏得一席之地。但
是在英國，事情卻不那麼順利。露西亞和詹姆斯於 1840
年到英國參加國際反奴隸制度大會，同行的還有一對年輕
夫妻伊莉莎白·凱帝·史丹頓和她的丈夫亨利。他們是在
英國渡蜜月。大會曾因為幕後一場激烈爭論而暫停下來─
─由美國來的女性代表可以參加大會嗎？

那天下午，在離開大會現場時露西亞
對伊莉沙白評論說…

伊莉莎白・凱帝・史丹頓（Elizabeth Cady Stanton,1815 － 1902）是紐約州首府阿爾巴尼（Albany）一位官運亨通法官的女兒。法官唯一的兒子幼年便死去。自小伊莉莎白便努力想要取代她兄弟在父親眼中的地位，她在學校表現優異，但這一切都是無用的……

> 他們告訴我——「妳不能和男生一起走進教室。」我覺得受到挫折。

同時，她父親在法學院的學生也利用每個機會來貶低這位一心要獨立自主的女性。例如當她向他們其中之一展示收到的聖誕禮物———一條項鍊及手鐲時，她上了一堂「財產權」的課！

> 如果妳是我太太，這項鍊和手鐲便屬於我的，妳只有在得到我的批准後，才能穿戴。我甚至可以拿去交換一支雪茄而妳只能眼睜睜的看著妳的手飾在雪茄煙中消失！

伊莉莎白反抗自己保守家庭的方式,是和一位主張廢除奴隸制度者結婚,但是她生命真正的轉捩點是在她認識露西亞・莫特時才出現。她們決定一起推展婦女解放運動——儘管她發現自己結婚後,已經完全淹沒在紐約州希內加瀑布這個荒涼小鎮家中的家務工作了。

就這樣,《希內加瀑布感性宣言》(*Seneca Falls Declaration of Sentiments*)便誕生在一張會客桌上:

我們保留這些事實以做為自我證明:男人和女人生來平等……

人類的歷史是一部男人不斷傷害和霸佔女人的歷史。

男人從不准許女人在實際的公民權上,執行她那無法讓渡的權利……

由法律的觀點看來,在婚姻中男人已造成女人民法上的死亡……

1848 年 7 月 19 日上午 10 點一百名男女魚貫進入希內加瀑布一座小小的衛理公會教堂。伊莉莎白緊張得心臟怦怦跳，她提出的解決方案太激進了，連露西亞也沒辦法接受……

經過多次辯論，伊莉莎白的提議，以低空飛過的方式通過了。幾乎每一份東岸的報紙都抨擊這次大會——伊莉莎白・凱帝・史丹頓一夜之間就成名了。婦運活動者成群湧入她在希內加瀑布的家中——她們中的一位日後成為伊莉莎白最親密的朋友和戰友：蘇姍・安東尼。

**46** 蘇姍‧安東尼（Susan B. Anthony, 1820－1906）終身未嫁，她有著一副嚴肅，新教徒傾向的外貌，與和藹可親的伊莉莎白完全相反。她的父親在紐約州巴登維爾擁有一座棉花磨坊，而在 1837 年經濟大恐荒時倒閉了。

蘇姍的經驗使她自學校嚇跑，她與伊莉莎白一生的友情，因帶給她充分的愛而治癒了童年的傷痕，並提供她足夠的勇氣以為女性爭取更好的生活世界。

在整個 1850 及 60 年代，蘇姍扮演規劃者的角色，她安排聚會、預訂大廳、印製傳單、小冊子和海報。另一方面伊莉莎白持續寫演講稿，她已經有了八個小孩。

希內加瀑布成為蘇姍第二個家，伊莉莎白的丈夫亨利是一位成功的政客，必須長時間待在卅議會。兩位女人一起分享所有的事物，照顧小孩、整理家務，找空檔讀書寫演講稿，一直到夜晚來臨才能有片刻安寧！

上個世紀美國的婦權運動便來自她們的夢想和勤奮所產生的靈感和啟發。

**48** 伊莉莎白和蘇姍到全國各處難以計數的聚會中發表談話。她們發起運動以改進女性教師的教學環境，爭取已婚婦女享有財產權、工資權、受教育權、可發展自己事業權及投票權。

這是一項艱困的工作……

……在小聚會中四處旅行演講，常常會面對聽眾的敵意和辱罵。

伊莉莎白上訴紐約州立法機構，反對法律強制僱主將婦女的工資付給她的丈夫。蘇姍花了五個月的時間搜集足夠支持她們上訴的簽名。整個過程的進度非常緩慢，而且令人沮喪……但卻是值得的。

到了1850年代中期，州立法單位開始關心婦女擁有財產權的議題。到了1860年，大約十四個州通過改革法令。

露西・史東（Lucy Stone,1818 – 83）是希內加瀑布的另一位訪客。她長相瘦小平凡，體重不足四十五公斤，從小在麻塞諸薩州一個貧窮的小農場長大。

決心不再步上和她母親相同的命運，並且要上大學。

露西在村裡的學校教書，從早忙到晚只為了賺一個禮拜一塊錢的工資，她同時還必須在農場上勞動，到了二十五歲時，她終於存夠了錢，足夠自己到俄亥俄州歐柏林學院（Oberlin College）上課半年的學費。

歐柏林在當時是全國唯一的綜合種族學校。對露西而言，那已經是個上帝賜與的機會了。學校中多數黑人學生是利用「地下鐵道」由南方冒險過來的，其他學生的情況和露西相仿，必須全天工作以支付學費。

安冬奈特・布朗
（Antoinette Brown, 1825－1921）
成為美國第一位被授與神職的婦女。

露西成為解放奴隸制度和婦權的優異代言人，在麻塞諸薩州一些公開的聚會中，她要面對的經常是如冰雹般落下來的讚美詩冊子、石頭和爛水果。

我記得露西有一次面對一個暴民佔了上風，那是在一個惡棍要用手杖打她時，她說……

這個人會保護我！

露西拉住他的手臂時，這個惡棍為她的話而感到震嚇，他因此成為露西的保護人，在露西演說結束前，高舉著手杖為她維持秩序。

露西在三十七歲時和這位年輕勇敢的奴隸廢除論者亨利·布萊克威爾結婚。而安冬奈特則和亨利的兄弟山繆爾結婚並且生了七個小孩，母親的職責使得露西暫停四處演講的活動。

「今晚我去聽了一場有關聖女貞德的演講。那真具有啟發性。大約有一個鐘頭之久，我認為任何事皆有可能。但回家後看到艾麗絲熟睡中的小臉……我可以預見這幾年中我只能專心做個媽媽。」

我不是警告妳要反抗家庭暴政嗎？

蘇姍‧安東尼是早期婦女運動先驅中，唯一能避開她諷刺指稱的「無可名狀的母性喜悅」。她向安冬奈特抱怨說，露西未能準備好便出現在一次重要的州立法機構會議，原因是要照顧生病的小艾麗絲。

早期婦運先驅在美國內戰（1860－65）後分成了兩派，露西和安冬奈特支持主張黑人有合法投票權的第十五條憲法修正案，而蘇姍和伊莉莎白則反對這條修正案，因為它否定了婦女的投票權。她們各自成立了婦女參政組織以分別推廣不同的政治理念。

在希內加瀑布第一屆婦權大會成立四十年後，她們四個人又再度合作，於 1888 年成立了全國婦女參政權協會（National American Woman's Suffrage Association）。露西的女兒艾麗絲・史東・布萊克威爾這時已長大，並成為新成立協會中的活躍份子。

已有無數的婦女聽到我們傳遞的訊息！

儘管我們的丈夫投反對票……

……我們的鄰居表示不同意…

……來自我們小孩永無止境的需要……

我們已經播下種子了！

露西臨終時對艾麗絲低聲囑咐……

讓世界變得更好！

**英國的婦女運動：1850-1914**

事業……

在十九世紀中葉，工業革命加上大英國協的財富造就了整個兵團的職業婦女——磨坊女工，家庭內的女僕，農場上的勞工，麵粉工廠女工，女裁縫師，和女家庭教師。其中最具獨立自主性的婦女為蘭開夏和約克夏等新興工業城的工廠女工。

早先幾個世紀，婦女通常在自己家裡的農場，手工製品廠或家庭工業內工作，並受到她們父親或丈夫的管轄。在新興工廠內，女工們成群結伴一起工作，脫離雙親的管轄——並且有生以來第一次在每星期發放工資時，手中握有實實在在的勞力所得。工廠女工仍是少數，大部分的職業婦女仍為家庭女傭，受制於她們僱主的控制。她們的工作時數比工廠女工長，工資也比較低。

### ⋯⋯或婚姻

所有婦女的工作都比男人的工作更沒有保障，工作時間更不規律，工資也較低。女性被硬性排除在專業領域及受教育的範圍之外。不論從經濟或社會層面來看，女性最好的出路都在婚姻。

婚姻生活是女人的專業。

維多利亞女王時代，中產階級已婚婦女的角色反而不如在這之前的農人或工匠的太太。因為從前家庭便是生產中心，而在工業時代中產階級太太反而無立足之地。

現在家庭是居住的地方，不是工作場所。

一個罪惡，醜陋和致命性競爭的避難所。

一座圍著牆壁的花園，由家裡的天使來管理。

已婚婦女非但不是「屋裡的天使」，反而是家庭的囚犯。
未婚婦女至少享有掌握自己收入和財產的權利。一旦結了
婚，她們便喪失了原有的權利。從此後所有太太的收入自
然成為丈夫的──她的命運極可能和夏洛特‧勃朗緹（
Charlotte Bronte）的小說《簡愛》（*Jane Eyre*,1847）中的
羅契斯特太太一樣，成為「閣樓裡的瘋女人」。

在現實生活中，許多中產階級男人一直拖到四十多歲才結婚。

到了十九世紀中葉，英國已經有一堆「過剩」的未婚中產階級婦女。她們拒絕接受適當的教育，拒絕工作（除了當家庭女教師之外）以及她們身為公民的權利。雖然她們的生活狀況比勞工階層婦女舒適，中產階層女性的經濟鍊是依據男性優越感這塊意識形態鐵砧打鑄出來的。而稍後要歷經**三代**的努力，英國的女性主義倡導者才為婦女贏得了最基本的公民權──受教育的權利，保有自己財產的權利及投票權。

### 第一代：蘭罕廣場的女士們(Langham place)

芭芭拉‧李‧史密斯（後來的伯第科太太）（Barbara Leigh Smith, later Mrs. Bodichon,1827－91）出生於一個成員龐大、活潑、非正統教派的家庭。她的父親班傑明‧李‧史密斯是一位思想先進的下院議員。她的母親安妮‧隆敦是一位磨坊業主，在芭芭拉七歲時便死去了。芭芭拉的父母親並沒有結婚，因此芭芭拉的家庭對他們古板的親戚而言是一個禁忌。李‧史密斯家庭成為主張奴隸廢除者、政治難民和社會激進份子進出的場所。芭芭拉的密友貝茜回想起李史密斯先生跪著幫女兒綁鞋帶的情景……

芭芭拉少女時代的朋友貝茜·雷納·帕基斯（Bessie Rayner Parkes, 1829－1925）同樣出身於一個思想先進的家庭。在 1850 年，兩位少女在沒有監護人陪伴的情況下，出發前往歐洲大陸，開始寫生旅行。

芭芭拉藍色鏡片的眼鏡讓村人覺得丟臉──而我們外衣下面並沒有穿束腹！

我們對於德國及奧國在摧毀 1848 年革命之後所採行的獨裁暴政感到非常震驚。

前拉菲爾派畫家但丁·加筆爾·羅塞堤（Dante Gabriel Rossetti,1828－82）曾對他的妹妹，詩人克麗絲汀娜·羅塞堤說過：

因擁有大筆財富、遺產、熱情和金髮而受人祝福的芭芭拉，不認為穿著長褲爬山，或光著腳渡過溪流有什麼大不了的。

**蘭罕廣場十九號**

芭芭拉和貝茜於 1856 年組織了一個委員會，聯合各方請求爭取通過結婚婦女財產法案（a Married Woman's Property Bill）──也就是已婚婦女要求保有自己財產和收入的權利。 1858 年時，她們推出英國《婦女日報》（*Englishwoman's Journal*）以辯護女性的工作、教育、法律權利和投票權等議題。 1859 年，她們發起成立婦女就業促進會（Society for the Promoting the Employment of Women），並且開了一家名叫維多利亞出版社（Victoria Press）的印刷公司，由艾蜜莉・菲思弗（Emily Faithful）和一組婦女排版工人經營。後來並在蘭罕廣場十九號成立了一所女子學院。美國第一位女性醫生伊莉莎白・布萊克威爾曾經是那兒的客座教授。

伊莉莎白・佳芮特

我鼓勵伊莉莎白・佳芮特（Elizabeth Garrett, 1836 — 1917）去突破英國醫學專業…

伊莉莎白・布萊克威爾

艾蜜莉・戴維思（Emily Davies,1830 — 1921）是 1873 年成立之戈登劍橋學院（Girton College Cambridge）的發起人之一。其他發起人包括伊莉莎白・卡司開兒（Elizabeth Gaskell），伊莉莎白・芭芮特・布朗寧（Elizabeth Barrett Browning），喬治・艾略特（George Eliot）和安妮・詹姆森（Anna Jameson）。

「蘭罕廣場的女士們」於 1865 年組織了請願人士，要求婦女參政法案（Woman's Suffrage Bill）交由一位新當選的下院議員約翰·史特勞·米勒（John Stuart Mill,1806 – 73）承交下議院。米勒和他的伴侶海倫·泰勒（Helen Taylor, 1807 – 58）都是貝茜雙親的至交。

……他打破階級並由內部探討屬於同一社會階層和文化背景男孩的轉變過程。男孩長大後也隨之受到社會的制約而逐漸瞧不起他們的母親和姊妹，在《女性的屈服》（*The Subjection of Women*,1869）一書中，米勒辯稱男人和女人根本上是平等的。造成他們看似不同之能力的原因，來自撫養和教育過程中的巨大差別。「目前稱之為婦女天性的，實際上完全是人為的，」他寫到。他支持婦女在工作、受教育、財產和參政權等方面的平等權利，並贏得廣大群眾的支持。

**第二代：淨化社會的女性主義(Social Purity Feminism)**

在 1870 年代到 80 年代期間，另一類的女性主義興起，並集中焦點於具淑女美德的太太和屬於社會邊緣人的妓女之間的巨大差別。只有具堅強意志的女性，才有足夠的勇氣去指出兩者之間，並沒有真正的不同。唯一差別在太太和妓女是在「不同的」經濟基礎上服侍男人。

男人追求性慾的滿足是很自然的。但在妓女便是犯罪，因為她的動機是金錢收穫！

就是那個長官將我關起來的，夫人──他在兩天前才付錢給我以滿足他的享樂。真的難以令人了解。

約瑟芬・巴特勒（Josephine Butler, 1828 － 1906）是一位勇敢的女性主義先驅，她公開挑戰在維多利亞女王時代由男人主控的社會。她將女性主義帶到街道上、工廠和監獄內。並在這些地方，她得以將其洞見融匯成女人屈居下屬的「性的經濟學」。

一點也不難了解！

約瑟芬‧巴特勒不停的進行宣傳活動——經常冒著個人風險而觸犯英國政府於 1860 年代開始生效的傳染病防治法（Contagious Diseases Act）。依據這條法令，勞工階級婦女一旦在兵營或軍港被認出是妓女，便必須接受陸軍或海軍軍醫的檢查。

約瑟芬是蘭罕廣場早期成員之一，並且一直和美國女性主義者保持連繫。在政治、法律、工作和教育各方面，女權都可能獲勝，但對約瑟芬而言，關鍵問題在於——這些改革能夠使婦女在**性的經濟學**上受到的壓迫發生變化嗎？她堅持經濟和性之間有所關聯的主張並沒有得到其他解放論者的認同。

就反抗女人身為太太和母親身分而被強加的**生殖**命運這一點來說，約瑟芬是完全現代的，她主張性別的平等必須是讓女人在社會中自由的行動而不受家庭的束縛。她相信女人有自己優秀的文化，在道德上是超越男人的。

### 社會淨化與節欲——美國的例子

主張「社會淨化」的女性主義在 1870 年代和 80 年代興起。她們的理念是基於福音傳道的原則。認為酒精、暴力和性氾濫是在家庭內威脅女性的男性暴力。女性和男性**不同**——在道德上更高超、純淨，偶爾需要或完全不需要性——不像男人完全為動物性需求所控制。

> 我們自己定義美德，反對偽善的利用美德來控制我們。

露西・史東（Lucy Stone）認同此一保守觀點，在她於波士頓發行的報紙《**女性日報**》（*The Women's Journal*）中，發表贊同檢查和刪改制度的文章。她並攻擊女演員莎拉・伯納德（Sarah Bernhardt），稱她為未婚媽媽。

伊莉沙白・凱帝・史丹頓和蘇珊・安東尼加入倡導節欲者的行列。但是伊莉莎白・凱帝・史丹頓在女性的性需求方面，並不同意「社會淨化」女性主義倡導者的觀點。她聲稱，「健康的女人和男人一樣充滿熱情。」

> 有了選票這項武器，全美國的母親將使道德合法化！

法蘭西絲・威樂德（Frances Willard, 1839 − 98）是美國基督教婦女節欲聯盟（US Women's Christian Temperance Union）。她倡導女性參政，以投票通過禁酒。

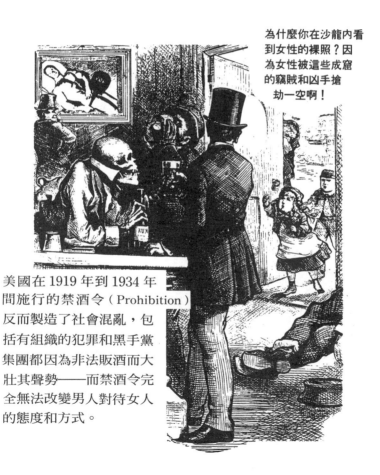

部分女性運動者則採取直接行動。凱莉‧拿遜（Carrie Nation,1846－1911）不堪丈夫酗酒和虐待，於二十一歲時離家出走。她在堪薩斯、伊利諾、俄亥俄和紐約各州行走，馬車上滿載磚頭和斧頭以便隨處打爛酒吧。她有著令人無法輕視的身材，身高將近一八〇公分而體重超過七十六公斤。凱莉出版一份單面印刷的大幅報紙叫《摧毀者簡訊》（*The Smasher's Mail*），並販賣用硬紙板做的紀念戰斧。

為什麼你在沙龍內看到女性的裸照？因為女性被這些成窟的竊賊和凶手搶劫一空啊！

美國在 1919 年到 1934 年間施行的禁酒令（Prohibition）反而製造了社會混亂，包括有組織的犯罪和黑手黨集團都因為非法販酒而大壯其聲勢——而禁酒令完全無法改變男人對待女人的態度和方式。

**贏得選舉權**

下一步是要贏得選舉權，但要如何做到呢？在數百萬爭取女性參政權的人當中，有戶家庭特別顯眼：那就是潘赫司特一家——包括愛彌李妮和她的兩位女兒克莉絲坦貝兒（Christabel）及西維兒（Sylvia）。愛彌李妮‧潘赫司特（Emmeline Pankhurst,1858－1928）出生於一度是英國經濟及政治重心的曼徹斯特。她強烈支持反抗當政者、自由貿易和根本改革政治論者。

在愛彌李妮十三歲時,她的父親將她送到法國的寄宿學校就讀。那年是 1871 年,剛好是德法普魯士戰役和臨時革命政府成立之後的第二年。愛彌李妮學校中的一位好友,是被放逐的革命政府官員的女兒。

在我成長過程中我喜愛一切和法國有關的事物,而痛恨所有和普魯士有關的東西!

愛彌李妮在 1878 年回到曼徹斯特。回去時家鄉裡正進行著反對英國政府在中東實行帝國主義政策的宣傳運動。其領袖叫理查·潘赫司特,他是一位三十九歲的律師,擁護工會主義( trade unionism ),也是一位無神論的自由思想家,共和主義者及婦女參政支持者。

我下定決心要和他結婚

我在 1880 年出生,是我母親的最愛,在五個兄弟姊妹中,她只親自哺育我一個。

Christabel

67

潘赫司特一家在 1883 年搬到倫敦。理查成為倫敦東端貧民區的左派候選人。徘徊在原則和野心之間的愛彌李妮，說服理查在競選期間上教堂。但最後理查仍然輸了。精力充沛的愛彌李妮決定要經濟獨立，並在罕普司黛路上開了一家家飾店。

賣的傢俱有漆上粉彩的擠牛奶板凳、東方器具，和白琺瑯的鐵製傢俱。

常來的人有威廉‧莫里斯（William Morris）湯曼（Tom Mann）及安妮‧比桑（Annie Besant）……

另外有露薏絲‧邁可（Louise Michel），巴黎革命政府著名的佩特羅劉斯（Petroleuse）就像童話故事中的人物一樣。

位在羅素廣場的潘赫司特家裡是無政府主義論者，婦女參政論者及女權運動者聚集的中心。

婦女參政是經常討論到的話題，理查問：

為什麼女人這麼有耐心？為什麼妳們不挖出男人眼睛，強迫我們給女人投票權呢？

西維兒常覺得被挑剔。

我仰慕爸爸和他那些迷人的故事。但是媽媽總是對我冷漠無情。

這個女孩老是這麼虛弱、蒼白、懶洋洋的，她需要吃一些魚肝油。

克莉絲坦貝兒總是充滿自信而且被捧得高高的。她甚至能夠命令對她覺得怕怕的愛彌李妮。姊妹們一起加入克萊柔腳踏車俱樂部時，愛彌李妮堅持要買給克莉絲坦貝兒目錄上最好的腳踏車，這輛華麗的機器在當時要價三十英鎊。

而我得到一輛二手腳踏車，太小了不適合我，是土機械師用舊瓦斯管拼湊成的。嘔！呸！

快點，西維兒！妳總是慢吞吞的！

潘赫司特一家於 1894 年搬回到曼徹斯特。這時他們的財務狀況已經很不穩定，而且理查的健康情形也已經很糟糕，但他一直瞞著不讓愛彌李妮和孩子們知道。他和愛彌李妮兩人目前都已經信奉社會主義。他們加入極左的獨立勞工黨（Independent Labour Party），追隨凱兒‧哈地（Keir Hardie）。在所有的左派團體中，獨立勞工黨最同情女性主義，組織中一些最優秀的發言人也大多是女性。

我眼看著父親加速邁向自己的死期。

理查在 1897 年突然因為胃潰瘍而死。

我絕不靠社會救濟！我將再開一家店舖。

我在法學院念書，將來要成為一位律師

我申請到念藝術學院的獎學金，不管我身體狀況多差，眼睛視力多糟糕，我都要出發到威尼斯進修。

克莉絲坦貝兒加入曼徹斯特一帶，主張社會主義年輕女性運動者的行列。她於1901年邂逅了伊娃・高・布實（Eva Gore Booth），也就是1916年愛爾蘭暴動的領導者康絲坦・馬基維司（Constance Markievicz）的妹妹。前者更是英國第一位女性下議院議員，而她在當選後基於支持新芬黨（Sinn Fein）的緣故，並沒有上任。

當時各工會已開始推派他們自己的議會候選人——這也是勞工黨（Labour Party）的先驅。紡織工會的主要組成份子雖然以女性佔多數，但是因為婦女沒有投票權而無法發揮作用。

安妮・甘迺迪（Annie Kenney,1879－1953）從十歲開始便在磨坊裡做工，她的一手指頭被機器截斷。她成為克莉絲坦貝兒最忠實的副手，鼓勵後者在村裡的活動中站到肥皂箱上發表演說。克莉絲坦貝兒很快的學會如何回答詰難者的問題，並發展出一套有力的演講風格。

**1903：婦女社政聯盟(The WSPU)**

愛彌李妮於1901年代表獨立勞工黨競選曼徹斯特教育局長。但是她對獨勞黨有關婦女參政權搖擺不定的政策失去耐心，而在1903年自已新成立了另一個「婦女社會與政治聯盟」（WSPU, Women's Social and Political Union），總部設在尼森街家中的會客室。

婦女社政聯盟在 1906 年的大選首先展露頭角，她們的戰
略符合當時的時代氣氛。

一個自由派的政府會賦予婦女投票權嗎？

婦女社政聯盟大量的擴張，到了 1907 年已經成立了三千
處支部，吸引了老師、店員、一般僱員、裁縫及紡織廠女
工。她們發行一份《婦女選舉權》（ *Votes for Women* ）的
報紙，每週發行量達四萬份。在亞伯特大會黨召開的女性
參政權聚會每次都擠滿了人，參加海德公園示威遊行的人
數更達二十五萬人。

到了 1911 年，勝利似乎已經在握。首相阿私圭斯（Asquith）基本上同意通過一條法令，准許（擁有財產的）婦女有投票權。爭取婦女參政權的活動都暫時停止，大家也都屏息靜待佳音。然而 1912 年新的國王加冕典禮結束後，原先承諾要通過的法令，竟然被策略犧牲掉了。

碰！內政部、國防部、外交部、貿易部、財政部和全國自由派總部（National Liberal Club）的窗子通通毀了。倫敦西區高級住宅區內商店的窗子也都砸爛了。

逮捕絕食抗議和強迫餵食
上百名支持婦女參政權者被逮捕，當她們進行絕食抗議時，反被施加強迫進食的口頭強暴。
當人民抗議政府這項酷刑的聲浪過大，而讓當局感到尷尬時，自由派政府採用「貓抓老鼠法案」（Cat and Mouse Act）來應戰。身體狀況太差的絕食婦女會先被釋放出去，一旦有明顯復元跡象，則又被逮捕起來。

愛彌李妮當年已經五十五歲了，仍被拖進海洛威（Holl-oway）監獄達十二次。身材瘦小、虛弱，卻毫不畏懼的她，自己為自己辯護。

政府發出逮捕令要抓克莉絲坦貝兒，幸好她逃到巴黎去。接下來的兩年內，克莉絲坦貝兒都是由英倫海峽對岸來掌握婦女社政聯盟的運作，她和安妮・甘迺迪利用密碼往返傳遞訊息。

在倫敦東區貧民窟的婦女運動是全國的典範。

WOMEN

FOR OPEN REBELLION

政府每對這些女性倡導者施暴一次，克莉絲坦貝兒便宣告加強破壞。不久後，她們不但砸窗子，也開始縱火。許多婦女社政聯盟成員不贊成會導致支持者分離，且落入政府圈套的策略。西維兒便主張採取在東區抗議的原有戰略。

勞工戰鬥正當其高潮。1911年碼頭和運輸工人的罷工造成全國的停滯狀態。在泰晤士河南邊的伯盟西（Bermondsey），一千五百名來自各工廠和工作室的罷工婦女，加入帶頭的一家食品工廠女工，一起向南渥公園（Southwark Park）邁進，他們要求較優渥的薪資以及**投票權**！

1914年初期，西維兒和愛彌李妮以及克莉絲坦貝兒一起參加在巴黎的一個會議，她的健康狀況很糟——因為她也是參加絕食抗議及去坐牢的。只有克莉絲坦貝兒看起來一如往昔的強壯，而且面色紅潤。但她決定要裁掉婦女社政聯盟中倫敦東區支部。

半年之後第一次世界大戰爆發了──西維兒很高興做了「完全清除」的決定。愛彌李妮和克莉絲坦貝兒在戰爭爆發後突然變成了愛國者──婦女社政聯盟出版的刊物現在改名叫《**大不列顛**》（Britannia），標語則變成「國王、國家、自由」。

西維兒百分之百反對戰爭。她於 1915 年參加反戰國際婦女大會（International Women's Congress）以呼籲和平。這個會議是由荷蘭籍社會主義兼女性主義運動者阿莉塔・雅各（Aletta Jacobs,1854－1929）召開，她同時也是荷蘭第一位女醫生，西維兒後來又加入反戰的國際婦女聯盟，並且繼續協助倫敦東區的貧窮婦女。這些婦女現在被徵召到工廠去做機械、武器修護等「男人的工作」，並獲得和男人相同的工資。

為戰爭拖累的英國政府，等不及婦女的攻擊便自行瓦解。在 1918 年，三十歲以上的英國婦女都有投票權。

## 十九世紀全球婦女運動

女性持續贏得選舉權——不只是在英國，在其他許多國家
也是一樣。在加拿大、美國、德國、瑞典等地婦女都有了
選舉權——而在挪威，亨利‧易卜生（Henrik Ibsen）的劇
作包括《娃娃屋》（*A Doll's House*, 1879）、《野鴨子》（
*The Wild Duck*, 1884）及《海德‧蓋柏勒》（*Hedda Gab-
ler*, 1890）都是抗議把女性置於隸屬地位的作品。

在**印度**，婦權運動者主要爭取的是女性受教育、制訂自治
權（ Home Rule ）及投票的權利。她們在 1918 年贏得
印度國民大會的支持。印度婦女協會說服總督，並且派了
代表團到英國去促進她們的主張。潘蒂塔‧梅貝（Pandita
Ramabai, 1858 － 1922）是在她那個時代最著名的梵文學者
之一，她寫了一本印度教的女性主義研究作品，叫《女性
宗教法》（ *Women's Religious Law* ）。潘蒂塔二十四歲時
丈夫便去世，她獨自撫養女兒長大，並且旅行全國以促使
瑪西拉‧薩瑪吉（Mahila Samaj）這個婦女組織的成立。
這個組織是印度國民大會中最具影響力的婦女團體之一。

在**印尼**，一位高官的女兒鶯登‧阿琴‧卡堤尼（Raden
Ajen Kartini, 1879 － 1904）站出來反抗一夫多妻制、強迫婚
姻及對殖民地的壓迫，她並且爭取婦女受教育的權利。她
曾經設立了一所只有一百二十名學生的女子學校——卻在
二十五歲時悲劇性的因為難產而死。

在**日本**，女性主義先驅岸田俊子（Kishida Toshiko, 1863 －
1901）領導該國十九世紀爭取婦女基本權利及參政權運動
。主張女性主義的「藍襪族」（"bluestocking" grorp）「青
踏社」（Seitoscha）出版了一本雜誌叫《青踏》（*Seito*, 1911
－ 16），裡面的文章都是有關當代文化、婚姻、婦女基本

權利和參政權的。該國第一個促進婦女參政活動成立於
1917 年。

在**中國**，譚詠銀（音譯 Tan Junying ）於 1911 年在北
平發起成立中國婦女參政會（ Chinese Suffragette Society
），並領導婦女於全國國民代表大會開會期間於會場外
遊行示威。

**澳洲**婦女早在 1909 年便有選舉權（然而澳洲原住民婦女
要到 1967 年才有選舉權）。澳大利亞婦女政治協會（
The Australian Women's Political Association ）成立於
1909 年，主要在促進婦女的平等報酬和平等權利。**巴西**
**進步婦女同盟**（ The Brazilian Federation for the Adv-
ancement of Women ）由柏莎・路茲（ Bertha Lutz ）於
1922 年成立，並於 1932 年贏得女性參政權。第一屆國
際女性主義者大會（ International Feminist Congress ）
則在 1910 年於**阿根廷**舉行。一個全國性的女性主義黨
團並於 1918 年成立於此，而自 1919 年開始，這個擁有
一萬一千名會員的女權團體一直持續為爭取女性投票權
而活動。

社會主義的女性主義

# SOCIALIST  FEMINISM

除非大部分婦女所忍受的貧窮與剝削消失了，婦女的社會狀況才有所改進嗎？越來越多婦女加入新興的社會運動，早期的一位社會主義女性運動者為弗勞拉・崔司坦（Flora Tristan,1803 － 44），她是西班牙裔與秘魯人混血的父親，和法國籍母親生下的私生女。弗勞拉從小一貧如洗，靠幫雕刻師上顏料維生。她在巴黎發掘了古代的工匠工會同伴（the compagnonnages），並啟發了她最具影響力的作品《勞工工會》（*The Workers' Union*, 1843）。

幾乎全世界都與我對抗。男人反對我是因為我要求解放女人，僱主反對我是因為我要求解放賺工資的人！

弗勞拉為勞工工會運動設計了兩個階段的計畫：(1)各國勞工都可以捐錢贊助一項專為自我解放勞工設計的基金。(2)這筆基金可以用來蓋屬於「工人皇宮」的公社。綜合了自行運作的醫院、老人安養院、學校及成人教育中心，婦女可以在這些「無性別區分」的社區中得到解放。

弗勞拉的計畫被稱之為烏托邦的社會主義論者，因為勞工模範社會的概念是和社會主義先驅如羅勃‧歐文（Robert Owen,1771－1858）及法蘭西斯科－瑪莉－莎勒‧弗蕾爾（Francois -Marie-Charles Fourier,1772－1837）的理想有關。

弗勞拉的理想在1848年巴黎二次革命時，為一群社會主義女性運動者所採用。

我們集合了裁縫師、教員及助產士，出版了第一份日報《女性之聲》（ The Voice of Women ）。

我和恩格斯( Engels )共同發表的1848年聲明中，採用了一些弗勞拉的概念。

弗勞拉是我的祖母

保羅‧高更 **Paul Gauguin**

COMMUNIST MANIFESTO 1848
Karl Marx
F. Engels

### 歷史的唯物論以及女性的緣起

自伍史東考夫特的時代開始，女性主義者相信造成婦女附屬地位的原因並不是「天生的」或不可避免的，而是社會所造成的。但是她們找不到證據以和主流派的宗教觀點辯論，傳統的宗教觀點認為上帝由亞當的肋骨創造出女人，因此女人是「第二好的，而且是次等的」。

到了 1880 年代，達爾文的生物進化理論，以及考古人類學等新科學的發現，第一次提供證據解釋女人「如何」成為男人的附屬品。

佛德瑞克‧恩格斯（Friedrich Engels,1820 － 95），改革的社會主義論者、作家和實證論者。他是女性人權和參政權的忠實支持者。

恩格斯的著作《家庭、私有財產與國家的緣起》（*The Origins of the Family, Private Property and the State,* 1884）採用人種學和歷史的證據來顯示，女性的社會地位不是從一開始就是次等的。

由今日殘存的狩獵部落身上可看出，史前的男人與女人必定分享公平的社會地位。

恩格斯在早期的凱爾族、日耳曼人和易洛魁部落家庭找到證據。

「在包括多對夫妻和他們小孩的古代共產家庭內，家庭的管理和覓食一樣，是一項公共的社會化事業。隨著現代個別家庭的興起與發展，家庭管理已失去了公用的特色，它變成了一項私人的服務。太太因而成為首位家裡的僕人，被排除在參與社會生產的範圍外了。」

恩格斯追溯迫使女人淪為次等地位的原因，始於古代私有財產制。大約西元前五千年開始，奠基於底格里斯河及幼發拉底河、尼羅河、印度河及湄公河肥沃地區的農業文明開始發展起來。人類開始產出超過維持族群存活與繁衍所需的糧食。盈收的糧食則可以用來支持一小部分不用工作的統治者——統治者則征服更多的奴隸來製造更多財富！因此誕生了古代的奴隸帝國。

女人可以用來交換、買賣或以物易物換得珍貴物資、合約（treaties），以及土地買賣。婚姻成為交戰的統治菁英之間建立盟友的方式。

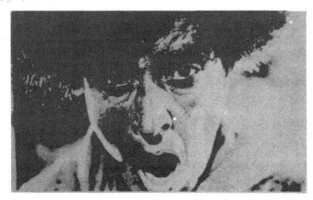

一個統治階級的丈夫擁有他的太太——就像他擁有女奴隸一樣——不只可以決定她的生死，更透過專有權力控制她的生產力。所有女人要圍面紗，要隔離起來，處女崇拜和女人通姦處死刑（男人通姦從來不用如此）等伎倆，都是男人完全掌握女人的生命、行動自由、性慾及死亡的證據。

部分恩格斯所採用的考古資料後來被推翻了——但他透視一個社會與其所採行的家庭制度間之經濟結構關係的遠見，仍然很吸引人。

我看得出當代產業再度提供了女性參與社會生產的機會。

「但是女人參與的方式必須是先滿足在家裡提供私人服務的責任，她自公共生產中排除掉而且賺不到任何東西。如果女人想加入公共工業的生產過程，並且賺錢以獨立生活，她便不具滿足家庭責任的身分。這種情形不論在工廠內，或是在包括醫藥和法律的各行各業內都是一樣的。現代家庭是建築在明顯及看不見的奴役女人的行為上。」

## 女性主義和德國社會民主

恩格斯的概念立即為德國社會民主黨（German Social Democratic Party）所採納，那是十九世紀末期在德國興起的一個具影響力的社會主義政黨。

社民黨的領袖奧古斯‧百柏（Auguste Bebel）在 1883 年出版了一本書叫《社會主義下的婦女》（*Woman under Socialism*），這是一本衍義並普遍化恩格斯作品的世界級暢銷書。

中產資產階級家庭的
基礎，是女性的附屬地位
以及普遍性的娼妓行為。
隨著其經濟基礎──私有財產──
的廢除，這種情況便會消失！

女性必須組織起來，並且為解放「自己」
而戰。別再等待男人為我們爭取。
他們的榮華就是建築在身為女人的
上帝和主人的基礎上。

卡拉‧柴特金（Clara Zetkin, 1857 ─ 1933）是社民黨婦女運動的領袖。卡拉自萊比錫（Leipzig）市的女師範學院畢業。這個城市在 1870 年代充斥來自沙皇蘇聯的保皇黨移民。她愛上一位蘇聯革命家名叫歐西普‧柴特金（Ossip Zetkin），並加入社民黨。在帝國的德意志時代，女性是不准參加政治集會──警察常常會以有女性在場為藉口而封閉會場。在 1880 年代，社民黨一直被視為違法單位，而必須以地下組織的方式來運作。

在 1880 年代大取締之後，歐西普被德國當局驅逐出境。他們夫妻一直住在巴黎直到 1889 年歐西普死後。卡拉在三十二歲便當了寡婦，並且要扶養兩個兒子。她在 1890 年反社會主義法解除後回到德國，成為社民黨婦女運動的主要份子之一。

我們要求的不只是婦女參政權及平等工作機會，而是完整的合作教育，以彌合性別之間的人為分別！

其他社民黨女性主義者像是莉莉・布朗（Lily Braun,1865－1916）則提出更進一步的主張。

我們需要家庭合作社，在那兒男人、女人、小孩都可以一起生活，分擔所有工作及照顧孩子的責任。

既然婦女運動使我們軟化說不出話來，我看得出女人的性需求並不少於男人！

愛情的方式應配合個人的需要──這包括避孕和墮胎的權利！

莉莉是一個出身於老普魯士地主家庭的叛逆份子。她離家追求自由，加入社民黨，並且為其婦女雜誌《平等》（*Equality*）撰稿。

**在俄國……**

同時，俄國革命發生了，並在歷史上首次產生了工人的國家——但卻誕生在第一次世界大戰結束後最糟糕的狀況下，並且誕生在一個備受飢荒及內戰威脅、荒廢、落後的國家。在這種時機下，列寧在 1920 年詢問卡拉‧柴特金……
……

為什麼社民黨婦女花費這麼多時間討論性別問題？在毛利人（Maori）的婚姻形態和弗洛依德的理論之外，一定有更重要的問題可供社會主義婦女討論？

在這個醜陋的世界裡，性別和婚姻對各階級及社會階層的婦女而言，包含了真正的衝突，真正的痛苦。

妳的語氣和科隆塔同志（Kollontai）一模一樣！

藉由討論不同家庭形態的歷史，以及它們所依存的不同「經濟」安排，可幫助職業婦女看穿目前資本主義社會永久關係背後的迷信。

### 科隆塔同志和蘇聯的希望

亞歷桑德・科隆塔（Alexandra Kollontai）出生於一戶芬蘭裔的俄國家庭。亮麗、熱情且獨立的她，很早便和表兄筏迪米・科隆塔（Vladimir Kollontai）結婚，這是違抗家裡意思的。亞歷桑德生命中的轉捩點出現在 1896 年伴同身為工廠督察的筏迪米出公差時。

> 塵土、噪音、危險──以及那些半飢餓的工人，他們受到奴役的程度超過人類忍耐的極限。

筏迪米滿意於現狀，但亞歷桑德非常憤怒，並很快的加入一個主張馬克思主義的團體，以支持 1896 年聖彼得堡的紡織工人大罷工。筏迪米試圖阻止她，亞歷桑德內心很痛苦，但最後仍然決定暫時離開先生及兒子。

「反抗男人侵犯我們自主性的一擊──是環繞著工作、婚姻或愛情等問題的掙扎。」

亞歷桑德在一個社會主義婦女團體中的活動受到沙皇警察的注意，她因此得逃離俄國。在歐洲和美國放逐的日子裡，她激烈的反對第一次世界大戰的迫近。而於 1914 年加入最強硬的反戰團體，列寧的布爾什維克黨（Bolshevik Party）。隨著 1917 年二月革命的爆發，她回到了久違的俄國。七個月後隨著布爾什維克黨十月革命的勝利，列寧邀請她就任新政府的社會福利委員一職。

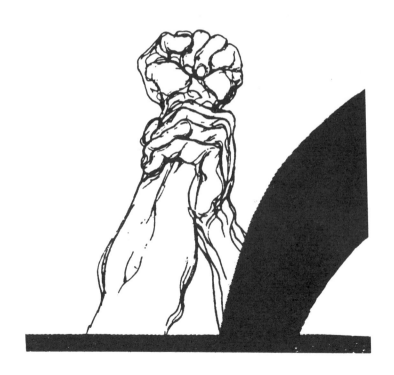

亞歷桑德和其他的布爾什維克婦女，包括依娜莎・阿曼德（Inessa Armand）、克魯普斯卡伊亞（Krupskaia）、魯得米拉・史塔萊（Ludmilla Stael）及金娜伊達・莉莉娜（Zinaida Lilina）合作，不顧飢荒和內戰的危機，仍為婦女施行各項社會福利計畫。

女性參政權

法律平等

自由離婚

自由墮胎

兩個月的支薪產假

在工作場所和社區內的托兒所

毆打太太首次成為違法行為

為反對蘇聯偏遠回教地區要求婦女圍面紗和隔離婦女行為而設立的教育及宣傳活動

診所、育嬰室及產房

為仍在哺乳中的婦女設立工作中可支薪的「哺乳時間」

家庭公社

你所做的，比成千上萬冊女性主義者的作品，清除掉更多的偏見。

但是亞歷桑德不帶任何幻想。

在執行上我們落後原先的計畫一大截。我們企圖建構新的生命及生活方式，以及將勞動婦女自家庭責任中解放出來時，我們不時碰到同樣的障礙，也就是蘇聯國內的貧窮和經濟上的衰退。

亞歷桑德為婦女爭取性別、情感和經濟上平等所做的努力，提升到社會主義革命的核心。她並轉至文學作品中去開展「新女性」的經驗。那是和工作與愛情之雙重需要所產生的衝突密不可分，是和熱情與獨立的苦難有關聯的。難怪對 1960 及 70 年代的社會主義女性而言，亞歷桑德並不是遙不可及的歷史人物，而是一位真正的朋友，一位並肩作戰的姊妹！

**反挫**

 1930 年代**史達林**主義者的反挫運動，雖然保留了對婦女參政權的口頭承諾，卻只有極少數共產主義婦女所完成的傑出改革得以存留下來。數百萬的婦女加入勞動力量中，但是如何結合工作和生小孩的問題發生的頻率比以前更為激烈，而婦女們必須自己為這個問題掙扎奮鬥。

在史達林的統治下，婦女祈求新生活與新愛情方式的希望終告破滅。「強化家庭」是政府的目標，「自由戀愛」被宣告成一種中等資產階級發明的玩意兒，為解決勞動力的短缺，婦女成為犧牲品，而「維持母性光輝的秩序」是至少生過七個小孩的母親的榮耀。反墮胎法以及反離婚法於 1936 年通過，同性戀者更被視為罪犯。

### 鼓噪的二〇年代……

這時歐洲國家及北美的大部分女性都可接受基本的學校教育，中上階級的女性則設法要進入大學和專業領域。婦女在哈林區「文藝復興」及二〇年代的前衛文化中，扮演重要的角色。工作機會提供給數百萬年輕婦女一種新的獨立生活方式。女性主義看起來似乎已經過時了，只是一種昔日奮鬥的殘骸。

**······以及飢餓的三○年代**

二○年代是以一場全球性的經濟大崩盤收尾的。歐洲和日本的領導權轉而掌握在信奉法西斯主義的政黨手中,以期能在持續擴張的不安中重整社會秩序。隨著三○年代經濟大蕭條的加深,工作機會變得越少,競爭也變得更激烈。婦女因為「偷了」男人的工作而遭受埋怨。

> 法西斯主義者的壓迫威脅要清除掉我們所獲得的一切!

> 女人該停留的地方是床上、廚房和教堂!

> 待在家裡多生一些軍人!

### 二次大戰(1935-45)……

突然間,遊戲規則變了。在男人出發去打仗時,七百萬名美國婦女首創紀錄去工作。婦女從事她們過去「沒有能力做」的工作……

> 在機械工廠釘鉚釘或成為車床工人。

> 建造船、飛機及坦克車。

一夜之間,政府為托兒所籌措了財源。

> 戰爭意謂著成千上萬男女的死亡。

也別忘了我們——在歐洲、俄國及亞洲各地加入地下抗暴運動的女性。

### 五〇年代的鎮定劑

戰爭結束時，每五個美國婦女中便有四個要在平時保有她們戰時的工作。男人的想法卻不一樣，男人的復仇帶回了職業的差別待遇，五〇年代的婦女持續受到廣告、電影和粗糙的心理分析所洗腦，告訴她們要待在家裡做一個快樂的家庭主婦。

妳的薪水並不重要

工作對妳而言根本沒什麼。

調整得好的婦女只關心她們的丈夫和孩子——而不是她們自己。

壞母親需背負造成社會犯罪、青少年犯罪及酗酒的責任——同時也要為男人的性煩惱、性無能及同性戀負責！

## 曠野的呼嘯

西蒙波娃（Simone de Beauvoir,1908－86）是五〇年代唯一
代表女性主義的聲音。她於三〇年代脫離天主教中上階級
的家庭背景，成為一位激進的知識份子和小說家——並且
到巴黎過著獨立自主的生活。

> 男人將女人的形象塑造為「異己」——和男人
> 不同的那個，並且永遠是次等的他者！女人
> 什麼時候才會以自己的形象和經驗反擊回去，
> 什麼時候才會建立起我們和男人的平等關係？

西蒙波娃的書《第二性》（ *The Second Sex*,1949）是一本
百科全書式的著作，描繪歷史、生物、心理分析，馬克思
主義及文學。書中充滿了反諷、智慧、幽默和敏銳的感覺
。它靜靜躺在一邊，像一顆定時炸彈般滴嗒響著，等待具
叛逆性的新時代婦女在合適的情境下發掘出它來。

**緩慢的反擊**

美國反抗運動以及爭取女權的抗爭，就像十九世紀一樣，是源自非裔美國人的奮鬥。黑人民權運動（The Black Civil Rights）開始於 1955 年，當年一位勇敢的女性羅莎‧帕克（Rosa Parks）在阿拉巴馬州蒙哥馬利市一輛漆著「白人專用」的的公車上坐了下來。

她個人的抗爭蔓延成對抗白人勢力結構的社會運動。黑白婦女聚集在一起，為廢除黑白隔離政策及選票登記規定而奮戰。她們面對的是身懷武器就地處以私刑的白人暴民，這些暴民更是由警長或警察帶頭的。

**「無名的問題」**

同時，許多「狀況較佳」的白人婦女在私底下經驗到一種缺乏價值、空虛及跛足的罪惡感。

我應該為每天將孩子由學校接到超級市場，由幼童軍營送到芭蕾舞課而感到快樂⋯⋯

我擁有一個女人所需要的每一樣東西

然而當我看到男人過的生活，且比較自己從大學畢業後所過的日子⋯⋯

總覺得哪裏不對勁，但是我無法解釋！

妳的問題有一個專屬的名辭

沒錯，它叫做家庭暴政！

貝蒂・弗雷登（Betty Friedan）於 1963 年出版的暢銷書《柔性秘法》（*The Feminine Mystique*）中提供了答案。這本書正好在約翰・甘迺迪總統被暗殺的那一年出版的。

**全國婦協**(N.O.W.)

甘迺迪總統就任後第一年看似承諾要有所改進。貝蒂·弗雷登當年是一位新聞記者，負責報導由甘迺迪政府設立以調查女性社會狀況的一個委員會的新聞。

1966 年的某一天，在委員會工作的一些婦女參加了由平等工作機會調查委員會（Equal Employment Opportunity Commission）所召開的會議——那天晚上，這些累積一整天憤怒和挫折的女人擠進了貝蒂在旅館內的房間。

貝蒂·弗雷登的全國婦協宣傳活動，很快便有所收穫。她們和媒體有良好關係，她們也是具經驗的遊說者。全國婦協藉抱怨性別歧視的電報，砲轟華盛頓，在平等工作機會調查委員會外面站崗抗議，投書抗議《紐約時報》刊登區分性別的求才廣告，並且向強迫女性空服員（不包括男性）在三十二歲或是結婚後退休的航空公司進行遊說。

更重要的是，在六○年代動搖美國社會的各種示威活動中
，都可以看到婦女運動者的影子。

還有更多——歐洲的學生示威——整個拉丁美洲四處可見
的游擊隊行動——非洲葡萄牙殖民地尋求解放的奮鬥——
中國的文化大革命——由印度洋一直到地中海都有工人和
農人向當地政府挑戰。而在所有這些行動中，婦女都扮演
了中樞性角色。

新左派婦女

在美國及歐洲，已經有越來越多受過大學教育的婦女，提高她們的期望。她們感覺到平等──但在現實生活中，她們仍身陷女性傳統的次級地位中，不但要照料男人並要努力尋求他們的關注及許可。

## 「冷靜點，小女孩」

令人無法忍受的最後一個打擊，來自 1967 年在芝加哥舉行的一項有關新政治會議。在會議開始前女性主義者的解決方案，便已自議程中去除掉了。

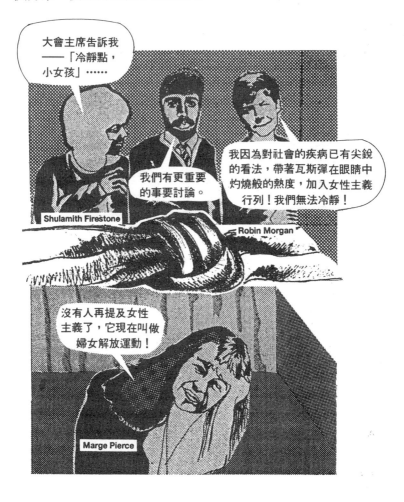

**打擊美國小姐，1968**

婦女解放團體早期的行動之一，是到「美國小姐」選美會場抗議。這個概念來自於紐約的一個「取締小組」。來自加拿大、佛羅里達州及美國東岸各州的婦女，在選美大廳外面的街上，連續進行游擊式的戲院表演。

使我們更美麗的種種努力……

打擊它！

為了什麼？只不過為了讓一些中年男子，像對畜性一樣，將我們評頭論足一番！

事實上，女人在日常生活中，便是在進行一場美國小姐選美……

她們將一頭羊加冕為「美國小姐」（儀式中夾雜著咩咩的羊叫聲），並且設了一個「自由垃圾桶」（Freedom Trash Can），裡面放滿了壓迫女人的象徵物品。

假睫毛　巨型胸罩　抹布　束腹

「女性解放者燒毀胸罩！」第二天報紙上都是這一類的標題。新的神話誕生了──雖然並沒有實質的東西從自由垃圾桶的煙灰中升起！

婦女們開始組成「喚醒意識」小組，並定期碰面。最初，激進的丈夫和男性同志，對這種「謝絕男士」的聚會，反應非常憤怒。

事實很簡單——沒有男人在場的聚會氣氛就「不一樣」。氣氛就是比較輕快。男人不在旁邊時，女人便能夠更自由的交談，也更能發掘自我。一些她們過去沒有意識到或不敢大聲說出來的，其實是共同體驗到的一個層面。

這些反傳統的團體在六〇年代找到不少模範——古巴婦女委員大會，中國文化大革命中的清算鬥爭，以及女人在廚房內無所不談的古老習慣。

貝蒂‧弗雷登於 1970 年辭掉全國婦協主席一職，並發起全國婦女大罷工，以紀念賦予女性投票權的第十九條憲法修正案通過五十週年。當日加入大罷工婦女人數之多，讓每個人都嚇一跳，包括發起人在內。這個概念由媒體廣泛報導，但更重要的是，成千上萬來自全國各地的婦女，主動聚集在校園內，集合成學校團體或社區團體。

**而 1970 年正是美國婦女解放運動真正起飛的一年**。展現在眼前的是多年的奮鬥、歌唱與爭論，勝利與失敗。禁止性別歧視的平等權利憲法修正案，於 1972 年由參議院投票通過（但是大多數的州立法機構，並沒有批准這項修正案，而在 1982 年宣告失敗）。到了 1973 年，最高法院對**蘿控訴偉德**（Roe vs. Wade）這個案子的判決，賦予婦女自由選擇墮胎的權利。

到了 1973 年，登錄在一本婦女解放指南中的團體，已超過二千個組織。種類包括喚醒意識的團體、婦女空手道課、自我健康檢查團體、鼓吹自由墮胎及避孕的宣傳組織、女性歷史研究、國會遊說組織、街道戲院團體、法律諮詢中心、女神的追隨者以及全新的女同性戀活動。而女性幹部更分布在工會、全國黑人女性主義組織（National Organization of Black Feminists）、墨西哥裔美國人婦女組織、美國原住民婦女組織，甚至有提供墮胎轉診工作的女性主義修女。

### 姊妹情誼與差異

突然爆發的大量活動也帶來一些衝突。衝突是不可避免的──並且是痛苦的。部分原因是這些活動的歷史都很短，對於什麼是「正確的」過度堅持，並且缺乏容忍不同意見互存的經驗。在推到極點或超過極點時，有價值的新概念會變得武斷而且排外。

但是差異反應出現實及社會的區別。這是存在於一個由階級、種族及性別嚴厲區隔之社會間的差別。而女性正生活在其中。

### 黑人婦女的解放

對許多參加黑人解放運動的女性而言，重新發掘她們的非洲遺產，具有自我強化功能，而且令人精神振奮——但也將差異的問題帶到檯面上來。

婦運的早期歲月，剛好也是美國政府屢次侵入黑人權利運動，以具體撲滅它的時期。那時警察帶著自動武器攻入他們的辦公室。黑豹組織（Black Panthers）的領導人物被殺死在自己床上。黑豹婦女在獄中警衛的監督下生小孩，孩子一生下來便立刻被帶走。

在監獄中，安琪拉‧戴維思（Angela Davis）開始研究隱藏在黑人婦女背後的歷史，以及她們在奴隸時期扮演的角色。她提出不少問題，包括婦女在運動中的地位，黑人婦女為什麼被視為全能的、無所不做的母親，以及跋扈、去勢的女家長等刻板印象。

## 同性戀婦女解放運動

同性戀女性主義者面對另一種差異的挑戰。女性遠離男人而相愛住在一起的現象，馬上引發了問題，那就是女性和由異性戀組成、由男人主控的傳統小家庭間的關係。

二十世紀初期的心理學家，試圖將女同性戀歸類為不幸的「變性人」。

女同性戀小說家蕾德克萊弗‧侯爾（Radclyffe Hall）的作品《寂寞深井》（*The Well of Loneliness*,1928），努力將女同性戀的觀點普及化。她描述她們是「生錯身體」的創造物，注定終身要痛苦和不健全。

女同性戀在六○年代初期必須掩飾「她們的」感覺，否則會因而遭受處罰。

六〇年代初期的女性運動，大部分集中火力於異性戀身上
，常常太具火藥味。

部分女性主義者認為，她們同性戀的主張，不只是性偏好
；它是一種社會與政治的選擇。也就是選擇將自己的生命
、愛和精力交付給另一個女人，而不浪費時間經營和男人
的關係。「政治導向的女同性戀者」提出了這個一針見血
且令人尷尬的問題。

異性戀婦女是睡在敵人的陣營內嗎？

### 女同性戀母親

女同性戀運動確實幫助許多女性「站出來」，並且重新找到生命重心。但許多新「出來」的女同性戀者很震驚的發現，她們的女同性戀夥伴甚至不願意談論自己所面臨的問題。

女同性戀媽媽要面對恐懼同性戀者的偏見和敵意。這影響到她們在居住、托嬰和工作上的權利。

倫敦東區達軍罕（Dagenham）福特汽車公司的工廠內，一群女性縫紉技師正討論要進行罷工。

縫紉技師是製造汽車座位的家飾業者。那是一種細部的工作，需要集中精神，加上靈巧的手工才能完成，並且對背部及眼睛的傷害也很大。

罷工造成整個工廠的停頓。「工作等級」是英國工人運動的根本原則。戰鬥力強、能言善道且勇敢的福特公司婦女，上電視答辯她們的情況，並面對來自悶悶不樂，被解僱男性同事的敵意。更多的婦女站了出來，全國蔓延著一股為「公平待遇」罷工的熱潮。

奧德莉・魏斯（Audrey Wise）是一家郵購公司的打字員。
她需要撫養一個寶寶及因為籌組工會而被解僱的丈夫。奧
德莉是來自數代以來出現不少社會主義工運人士的泰恩（
Tyne）新堡一帶的女性主義者。充滿活力且心靈獨立。

奧德莉是該委員會（NJACCWER）1969 年於崔法加廣場（
Trafalgar Square）召開的公平待遇大會中發言者之一。那
是一個星期天，並且下著大雨。

「當然討論主題是環繞著公平待遇。但就像任何和女人有關的議題一樣，其討論不可能只停留在工資上。討論永遠沒有界限。我想類似的對話會在家庭裡持續下去──『我要到倫敦去，我們怎麼負擔得起？晚飯怎麼辦？誰要照顧小孩？』另一方面，男人的問題就簡單了，他只要說，『我要去遊行示威。』我自講台上看出去有數千名婦女在這兒──而我想到的是星期天晚飯沒有人來做。」

從一開始，英國的婦女運動就比美國擁有更多的勞工階級，及社會主義女性主義者的成分。另一方面，美國的運動組織得較好，有較好的資源──有些人覺得熱鬧嘈雜多了。

由六○年代末期到七○年代，湧現一連串令人印象深刻的具知性及攻擊性的活動。這是由英國第一代的婦女解放運動者所策動的。

潔曼·葛瑞爾（Germaine Greer）

希拉·羅伯桑（Sheila Rowbotham）

米琪琳·汪多（Micheline Wandor）

**主要趨勢**

牛津市羅思津同業工會學院（Ruskin Trade Union College）一堂歷史課的婦女，在聚會中決定於 1970 年舉辦第一屆婦女解放運動大會——這就是英國婦女解放運動的真正開始。

沒有婦女解放，
便沒有真正的
自由

NO REVOLUTION WITHOUT WOMEN'S LIBERATION!

六百名婦女擠入一百年前女性在此尚無說話資格的牛津學生活動中心。

有興奮的時刻，啟發的時刻，也有混亂的時刻⋯⋯

也有和正在噴洗牆壁的毛澤東主義者及道德情境論者（Situationists）爭執的時刻！

當時也有男人經營的托兒所

女性運動很快的成長茁壯為一股主要的政治勢力，快速的在歐洲和北美洲蔓延開來。隨著女性運動的成長，也發展出不同的趨勢——**激進派女性主義者、社會主義的女性主義者及自由派，或稱之為「平等機會」的女性主義者。**

**激進派女性主義**：我們激進派女性主義者，是以父權社會的出發點來看問題——也就是男性勢力壓倒女性的社會系統。男性統治者，男性軍事、工業、政治和宗教等編制，男人的同業工會以及男人主導的左派，全都是父權社會的一部分……並且經由個別家庭中男人力量壓倒女人及小孩的方式，不斷強化這種情況。

女人是一個階級，男人是另一個階級。

**社會主義的女性主義**：亨利福特四世的太太怎麼可能和瓜地馬拉的農婦屬於同一社會階級？我們社會主義的女性主義者認為，這是一個綜合了男性控制與社會剝削的問題——我們要反擊這兩者！只要這個世界的力量和財富是由一小撮人壟斷，只要他們尋求利潤的欲望，仍控制這個社會

• 真正的解放便不可能實現。

**自由派女性主義**：妳們都太極端了！這純粹是偏見的問題——制度需要被修正而不是被推翻掉。我們需要的是更多注重公平權利的立法機構，更多好的人格典範以增加女性

的信心。

這三股個別趨勢也強調不同的戰鬥**策略**。

**激進派女性主義**：受壓迫女性只需要宣傳和示威，建立女性的空間和女性的文化。她們集中力量於男女關係的極端——特別反對男人對女人施加暴力、強暴和色情圖片。

**社會主義的女性主義**：較強調與其他受壓迫團體和階級的結盟——反帝國主義侵略運動、工人的組織、左派政治團體。她們在與這些組織中進步男性進行持久對話的過程中，時而疲憊，時而興奮。溝通內容有女性主義抗爭的意義和重要性，以及性別壓迫如何在個人與家庭關係，甚至在解放運動和團體的內部結構中反映利強化、反挫。

**自由派女性主義**：較小的團體——集中力量向政府遊說以女性主導的改革，並且試圖要影響決策者！但她們經常被不具實質意義的廣告或解決方案魚目混珠掉了。

在女性解放運動剛開始時，**社會主義的女性主義者**佔主導位置，主要因為女性運動是隨著社會示威遊行，以及六〇年代末期的反越戰運動而興起的。到了七〇年代結束時，激進派的女性主義變得較有影響力。

到了比較保守的九〇年代，逐漸出現綜合這三種不同主張的新趨勢。這是體認到三者各有其優缺點，並且能夠看出女性主義是所有反抗軍國主義、專制主義及獨裁主義之人權運動的同盟。

### 組織黑人婦女

英國政府在七○年代末期，對黑人發動持續性騷擾。包括
驅逐出境、機場內的拘留以及賦予警察「阻止並搜查」等
權力的法律「次級」條款。並傾向將非裔加勒比人（
Afro-Caribbean）和亞洲人的後裔都視為罪犯。這種氣氛
引發了極右派種族主義者的主動攻擊。

黑人女性主義者在組織戰鬥性、自我防衛團體方面扮演重
要的角色——包括柏克斯敦黑人婦女中心、蘇士侯黑人姊
妹、曼徹斯特黑人婦女合作社以及其他一些社會宣傳活動
。在 1978 年時，這些黑人團體聯合了來自辛巴威、迦南
、衣索匹亞、伊里特利亞（Eritrea）及其他國家的女留學
生，在倫敦籌備了全國性會議。她們成立了一個聯合溝通
網路，稱之為亞裔及非裔婦女組織（The Organization
of Women of Asian and Africa Descent）。

**女性反抗基教派**(Women Against Fundamentalism)

這些黑人及亞洲婦女組織起來對抗強暴和家庭暴力的行動，使得她們和自己社區內扮演傳統角色的男性領袖處於對立狀態——同時，與傳統領導者聯盟的黑、白反種族主義者和多重文化背景者，也和這些女性對抗。緊張的氣氛在八〇年代高升起來，主要是以嚴厲父權角度看待婦女角色的基教派領導們，試圖在各民族社區內強化他們的權威。

來自廣泛不同背景的女性主義者，包括伊朗的反對黨、印度的反共產主義者、以色列的反猶太人復國計畫者以及愛爾蘭的反傳教士人士，組織了**女性反基教派主義**（Women against Fundamentalism）。該組織在 1990 年的國際婦女節召開了一個有關全球基教派的會議，參加的婦女代表來自孟加拉、英國、伊朗、以色列、迦南、美國及俄國。

### 世界各地的婦女

婦女運動是一項全球運動。

在**德國**，六〇年代的婦女解放運動深受來自極左派理論的影響，同時含有強烈激進的心理分析思想色彩。女性主義雜誌包括《勇氣》（*Courage*）及《伊瑪》（*Emma*）都是在七〇年代興起的。當時也進行一項反對墮胎法第二百一十八條的宣傳活動，口號是「我的子宮屬於自己！」（My womb belongs to me!）婦女的咖啡屋、書店、聚集中心、女同性戀集團及女性主義行動團體也增加了許多。在八〇年代，環保政治對女性主義的影響也很大——同時女性主義也影響著環保政治。而在八〇年代末期更爆發了有關**母性宣言**（Mothers' Manifesto）的大辯論。辯論內容更包括針對在社會、政治、經濟各生活層面中，「女性的價值」超越「男性的價值」的議題。

在**義大利**，女性主義起源於**唐娜廣播**（Radio Donna）電台以及《愛菲》（*Effe*）雜誌。拿坡里百貨公司及超級市場的出納小姐，則進行一項「微笑罷工」（Smile Strike）。也就是在待遇及工作環境改善之前，拒絕「善待」顧客。而要求自由離婚、墮胎權以及反強暴的大規模宣傳活動，更帶來法律上的重要改變。

在**法國**，妓女們帶領一項全國性的活動，她們在 1976 年進駐教堂及市政廳內靜坐（sit-ins），反抗男人及國家對性的偽善態度，並且要求她們的公民權。

在**波蘭**，大規模的婦女遊行以保障她們的墮胎權，並反抗羅馬教會以及 1989 年新成立的團結工聯政府（Solidarity Government）。

在**印度**，女性運動者進行活動以抗議嫁妝陳規（dowry murder，亦即**沙堤** Sati）、性騷擾及強暴（尤其是警察強暴）。她們的反抗活動包括示威遊行、靜坐（dharanas）、樣板戲院、唱歌及展覽。她們攻擊被強暴婦女即失去榮譽（阿不魯 Abru）的概念。應該是強暴犯要感到羞恥才是。畢哈（Bihar）及古吉拉（Gujerat）兩地的婦女、學生、家庭主婦及辦公室職員，則是七〇年代反貪污及物價高漲活動中的先鋒人士。瑪哈瑞盧查（Mahara shtra）的土著婦女，則組織了反男性酗酒及家庭暴力的強烈抗議活動。1978年並在孟買成立了一個全國女性主義工作室，以協調各不同的地方團體。在德里發行一份宣傳日報叫《馬紐希》（*Manushi*）。女性主義古典舞蹈家強得拉蕾哈（Chandraleikha）則將印度傳統舞蹈重新編舞，把男性的性能力（yoni）描述成是圍繞在陽具（lingam）這個固定不動點活躍強烈的動態力量舞蹈時，引發的一股風暴。

在**亞洲**、**非洲**及**南美洲**許多貧窮落後地區，大多數婦女所面臨的主要問題，純粹是如何取得足夠的食物及水。那兒的大部分婦女所攝取的卡洛里量低於最低營養吸收額度。在**南非**，婦女面對由南非種族隔離政策，所造成的種族和男女的分隔。在1956年，二萬名婦女進行反政府遊行，她們邊走邊唱著：

現在你干預了婦女

你擊中石頭

你強行移動一塊大石頭

現在你會被擊碎

女性主義者更是全球反抗軍事極權的先鋒。

在**葡萄牙**，「三個瑪莉亞」（"Three Marias"）在 1973 年接受審判，因為他們的書暴露了在克雷里加（Clerico）軍人政府時期，女性貧困生活的情形。

在**巴基斯坦**，女性行動廣場（Women's Action Forum）領導示威以抗議軍事政府的證據法（Law of Evidence），這條法令裁定法庭上女性的證辭，只有男性證辭的一半效用。

在**伊朗**，女性主義者在 1979 年的反抗伊朗國王（Shah）政權行動中，扮演了活躍的角色，接下來又領導示威遊行，反抗基教派政府倡導的反婦女政策。在這個示威遊行中，有一萬五千名婦女佔領了正義之宮（Palace of Justice），以要求政府給予婦女應有權利。

**阿拉伯世界**的婦女則在男性主控的西方價值和基教派的價值之間，找尋第三條出路。強調女性在阿拉伯社會中扮演商人及詩人等角色的優勢傳統。

1982 年時納瓦耳‧艾爾‧撒達維（Nawal El Saadawi）及其他女性主義者，在開羅成立了一個泛阿拉伯國家組織的女性權利協會（Women's Rights Association）。伊斯蘭法律下的婦女女性主義網（The Feminist Network of Women Living under Muslim Laws），則蒐集有關婦女法律權利及誤用這些法律的檔案資料。

### 失蹤者及五月廣場的媽媽們

從 1976 年到 1982 年，阿根廷受到一連串因軍人獨裁政權而帶來的苦難。這被形容為「自希特勒德國之後，最糟糕的國家迫害例子」。藉口抵抗「西方基督教文明」，阿根廷的軍人政權發動一連串有計畫的綁架、拷打及大規模集體槍決，來徹底清除掉國內所有「共產主義破壞份子及製造麻煩的人」。這就是為大家熟知的「全國調和行動」（"The Process of National Reconciliation"）達二萬名的阿根廷人沒有經過審判、起訴或判罪，便被關入監牢。這些人還算是運氣較好的。包括社會各階層的另外三萬名男人、女人和小孩就這麼無影無蹤的消失了。

因為害怕「死亡行動小組」，阿根廷大多數人民都三緘其口不敢發表言論。直到 1977 年 4 月 30日，一群勇敢的女人終於挺身聚集在總督府外面的五月廣場（Plaza de Mayo）。

群眾在街上的聚集，最多不能超過二個人⋯⋯⋯因此我們一對對繞圈圈走。抗議我們兒子女兒的無故失蹤。

五月廣場的媽媽們要面對迫害、鞭撻及死亡。同時一群老祖母也聚在一起，出發尋找被綁架的孫子。這些媽媽的勇氣及獨立行動是一種「女性專屬」的團體，並樹立一種「喚醒意識」的傑出模範。她們走遍整個國家尋求支援，公開她們的原由，並且建立與其他國家婦女的聯絡網路。

這些母親們啟發了不少婦女團體起身反抗違反人權，以及殘酷軍人政權的行動。在 1985 年，母親代表們與伊朗的媽媽們在倫敦集會。這些伊朗籍母親，急於要在她們的國家內成立一個類似的組織。而伊朗及其他拉丁美洲國家的婦女組織，更採用阿根廷媽媽們的方頭巾，做為象徵爭取人權的標誌。

### 葛林罕共同和平行動 (The Greenham Common Peace Movement)

雷根政府為抵制蘇聯,於 1980 年成立了一座巨大的全新核子兵工廠。「冷戰」於抗議越戰期間,原本已成為陳年往事。此時因為國內反對聲浪已經解除,五角大廈便又開始發動攻勢了。

在英國,婦女們掌握了反新核子巡弋飛彈和平組織的領導權。她們在位於葛林罕共同區的美軍基地外成立婦女和平營。在葛林罕,男性對抗女性的象徵主義是不可能被忽視的。

　「裡面的」武裝士兵,
正防衛著象徵死亡與毀滅的巨型陽具
「外面的」和平婦女,唱歌、跳舞、搖
　動彩帶,將花朵、詩集及圖畫投入四
　周的圍牆內。

我們為巡弋飛彈編織巨型保險套的主意,只是半個笑話而已!

葛林罕和平營對男女間近乎神秘的本質差異，提供了一個
新動力。德國的媽媽宣言組織，則進一步擴充了這個抗議
行動。她們辯稱女性是滋養生命者、提供生命者、和平及
愛的力量；而男性是攻擊者、摧毀者，是女人和大自然的
強暴者。

讓男孩與玩具隔絕
讓他們双手遠離手槍
讓他們手指遠離扳機
讓男孩與玩具隔絕
由棉花做出炸彈
由蜜糖做出炸彈
由音樂做出炸彈
他們當你是傻瓜
讓男孩與玩具隔絕
創造生活

讓男孩與玩具隔絕
製造殘殺
讓男孩與玩具隔絕
廣為宣傳
讓男孩與玩具隔絕
製造炸彈、製造炸彈

毒害女孩

**柴契爾夫人時代，1979-90**

諷刺的是，反對女性主義的保守反挫力量，是隨著第一位
女性首相——瑪格麗特‧柴契爾——的當選而正式展開。

柴契爾夫人當選的政見，是反對婦女所呼籲的一切——較
好的健康、社會福利、更多工作權利及開放而關懷的社區
。

在美國，雷根擺出「經濟自由主義支持者」的姿態，加入瑪姬(註：對柴契爾夫人的暱稱)的救世軍雙重行動（double-act）。社區的概念整個被 丟棄掉了。

> 根本沒有社會這種東西。只有單身男性、單身女性及家庭。（1989 年 2 月）

> 喔！我愛極了說話粗魯的妳！

> 她是夠激進了，但是壞疽也是一樣！

英國貨幣主義的輕率解決方式，以及美國雷根經濟政策所帶來的結果，是八○年代的經濟繁榮假象，也是社會的悲劇。所有婦女仰賴的公共設施都被裁撤掉，或被殘酷的降低品質。她們因為專業工會運動所得到的有限收穫，也全部被洗刷一空。

**柴契爾──雷根二重奏對婦女產生的影響？**

一個絕對貧窮及失業的新「低下階層」誕生了。單單在英國，「官方」宣布的貧窮國民中，百分之六十五為婦女，其中有許多是單親媽媽。婦女是成長最快速的流浪份子，她們中有一半是為了逃避家庭暴力而離家出走的。

那些有工作的女人，也面臨到前所未有的壓力。在1970年代，工會運動者要求一週工作三十五小時。到了1991年，英國保守黨仍拒絕簽署歐洲社會憲章（European Social Charter）每週最多工作四十八小時，以及最低工資的規定。

保守黨無情的裁撤掉社會條款，學前兒童的政府免費看顧，幾乎是完全沒有了。而在工作、照顧小孩、貧窮、經濟獨立及家庭孤立之間，找尋平衡點的壓力，完全落在女人身上。政府縮減醫療和教育經費對女人所帶來的影響比以前相對加重、加深。因為女人使用醫療服務的機會較多，包括懷孕、生產、照顧生病的孩子都要用到醫療服務。而且因為學校和醫院的主要勞力是婦女，她們比以前感受到更多壓力。

「美國的生活方式」
出口到全球各城市，
造成幫派主義、種族
和性別暴力、藥物濫
用及犯罪組織的增加
。在過去二十年內，
強暴的數字急劇上漲
。單在美國，和性有
關的謀殺案在 1976
年到 1984 年之間便
增加了百分之一百六
十。

希望已經讓步給種族仇恨、偏執和宗教的基教派主義。美
國的基教派一直領導著一支武裝的改革隊伍，以對抗婦女
多產權利，轟炸執行墮胎手術的診所，以阻嚇工作人員及
病人。恐怖的氣氛嚴重的影響最高法院對「蘿控訴偉德」
（Roe vs. Wade）這個案子的判決。這些基教派份子是些
什麼人？在特徵上來說，他們是來自低下收入階層的白種
男人。在雷根政府時代被貶低成「低下動亂」的一群，他
們賺的錢少於上一代，少了太太的一份收入，他們根本無
法付出飛漲的房屋貸款，甚至連晚餐也沒有著落。受到自
己缺乏經濟前景的刺激，他們轉而將對社會的反感，投射
到女人及少數民族身上。

## 婦女運動的概念和議題

自瑪麗‧伍史東考夫特第一次在報紙上發表文章以來，女人已經走過一段漫漫長路。讓我們來回顧一下，由女性主義運動協助改變的女性生活層面——並且看看我們需要努力的還有那些！

### 性慾

女性的解放不只是有關於女人的對與錯，更和我們生活中最親密的部分有關。

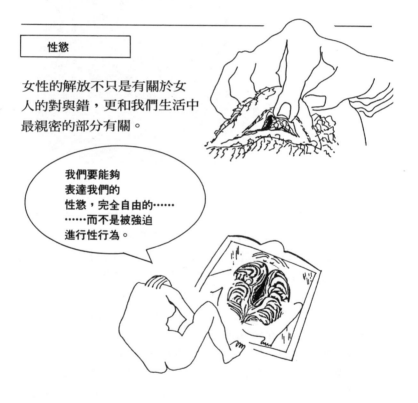

我們要能夠表達我們的性慾，完全自由的⋯⋯⋯⋯而不是被強迫進行性行為。

數個世紀以來，對性的主流看法是建立在插入及男性的性高潮上面。六○年代的女性主義者，則將注意力拉到陰蒂——也就是一個深入骨盤，由無數神經和血管所組成網路的歡愉上。

這個提供人類歡愉功能的器官，為什麼一直被忽視呢？

女性主義者爭取完全不受「男性性高潮暴政」控制的性交過程——尋求包括雙方人格在內的歡愉，尋求包含身體的感覺及情緒的歡愉。

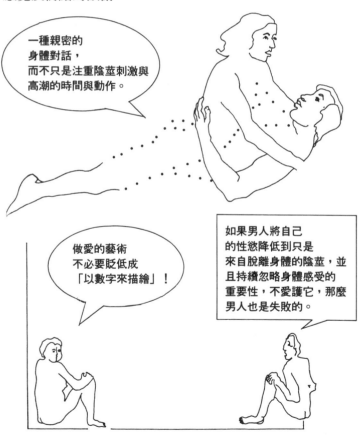

一種親密的身體對話，而不只是注重陰莖刺激與高潮的時間與動作。

做愛的藝術不必要貶低成「以數字來描繪」！

如果男人將自己的性慾降低到只是來自脫離身體的陰莖，並且持續忽略身體感受的重要性，不愛護它，那麼男人也是失敗的。

然而數個世紀以來，男人一直用性來懲罰女人。

防範強暴唯一簡單容易的方法——就是男人應該停止它！

牛仔褲？妳當時穿著牛仔褲？請問法官大人——誰是本案的犧牲者？

女人要由強暴的創傷恢復過來需要的是愛、支持和輔導，而不是面對將強暴怪罪到女性身上的法律系統……

依照伊斯蘭律法，一位強暴案犧牲者，需要四個男性證人來支持她的證辭。西方的法官及警察在過程中則採取更直接的方式說：「是妳捏造了整個過程！」

法律對強暴的定義局限的認定是全然陌生的人去攻擊處女
，而根本漠視二十世紀末期的性行為以及大部分被強暴婦
女的經驗。強暴她們的對象包括老闆、工作同事、鄰居、
親戚及社交場合認識的人。強暴案的法官也不可避免的在
審判過程中，公開受害者的全部性生活。

在晚上，除非街上全是女人；不然便不安全！七〇年代歐
洲在不同大小城市內的危險地區，出現一連串有如黑夜火
炬般的婦女「拯救夜晚」（Reclaim the Night）示威行動。
這些黑夜拯救者有許多人是生而擁有女權的年輕婦女。她
們是具有自信，知道如何在街上生存的年輕一代。她們的
驅邪歌四處可聞。

年輕婦女——尤其是少女——一直處在美貌競賽的巨大壓力下——也就是以男人觀點從「外在」判斷，批評她們的身體，而否定她們身體「內在」的感覺。

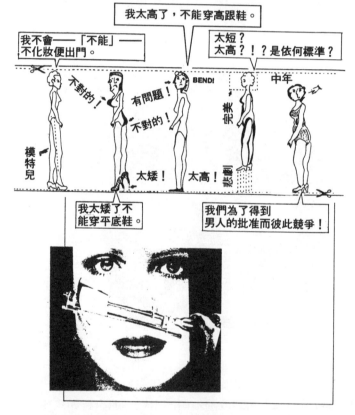

是什麼塑造我們的手臂、腿、小腹、胸部及臀部？看起來都「應該」像由屠夫店裡特別切割出來的一樣完美！

許多女性在她們少女時代，便由內在形成自我仇恨的意識。幾乎每一個女人都認為她的身體某個部分「不對勁」。許多女性有飲食不正常的經驗。而由內在升起的不尊重自己感，從不受到愛護、飲食不正常的媽媽，傳給她那不受到愛護、飲食不正常的女兒。女性心理治療團體、婦女文化、愛及團結，則是療治這些創傷，幫助女人愛自己、重視自己的方式。

結果是，我們永遠在和模特兒的幽靈競爭……

……一小部分年輕少女，每天會花上十二小時的時間，想要讓自己看起來萬無一失。

我們以鏡中平凡的自我形象和模特兒競爭！

美的傷害

鼻子
人工整形
耳朵
穿耳洞
牙齒
戴牙套
胸部
墊起來

頭髮
漂過、染色
眼睛　假睫毛
下巴
抬高、整形
腋下
刮毛、
塗乳霜、除臭
下腹
束起來
人工整形

MODEL

減肥

屁股
束起來、墊起來
腿
刮毛、抹乳霜
腳
包起來
穿高跟鞋

外面的毛髮
比基尼遮不到的地方要刮毛修整

大腿
吸掉贅肉

腳指甲
修掉　擦指甲油
用銼刀磨

我應該
砍掉我的腳指頭！

"鞋子總不配合！"

色情圖片

大部分女人對色情雜誌及美女照片中女人身體的形象有很
噁心的反應——雖然有時候她們也得到一些性的刺激。看
到刊載女人裸露軀體圖片的報紙，像垃圾一樣吹得滿街都
是，是很可怖的景象。為什麼我們要讓自己的身體如此的
被糟蹋？問題是，我們應該如何面對這個現象？對某些人
而言，答案是很簡單的——禁止它！

色情圖片是理論，
強暴是實踐。

美國的安垂・渥金（Andrea Dworkin）是提倡檢查制度最
極端的代表之一。她的看法直接來自婚姻中，丈夫施暴
帶來的夢魘經驗。

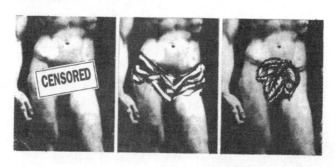

1984 年時，安垂·渥金和凱撒琳·麥金儂（Catherine Mckinnon）起草了一份法令，准許女人對製造、散發或販賣色情圖片採取民法行為。她們的行動根據是色情圖片的存在會傷害她們。這份法令得到所謂提倡道德的多數（Moral Majority）以及其他極端保守團體的大力支持。1986 年，美國最高法院判定這條法令違憲，因為它違反了維護言論自由的憲法第一條修正案。

不只是性的暴力，
強迫的性交，也是女性
受壓迫的關鍵層面。
所有男人都是強暴份子，
所有女人都是他們
的犧牲者！

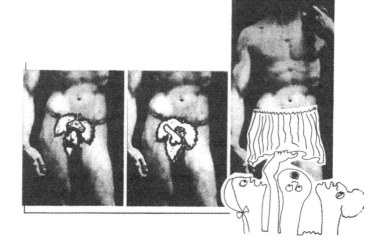

**146**

反檢查制度
但其他許多女性主義者，不同意
渥金所呼籲的檢查制度。自由派
的女性主義者在八〇年代組織了
反檢查制度遊說團體。

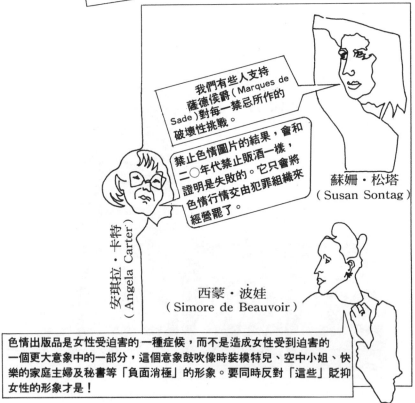

我們有些人支持薩德侯爵（Marques de Sade）對每一禁忌所作的破壞性挑戰。

禁止色情圖片的結果，會和二〇年代禁止販酒一樣，證明是失敗的。它只會將色情行情交由犯罪組織來經營罷了。

蘇姍・松塔
（Susan Sontag）

安琪拉・卡特
（Angela Carter）

西蒙・波娃
（Simore de Beauvoir）

色情出版品是女性受迫害的 一種症候，而不是造成女性受到迫害的一個更大意象中的一部分，這個意象鼓吹像時裝模特兒、空中小姐、快樂的家庭主婦及秘書等「負面消極」的形象。要同時反對「這些」貶抑女性的形象才是！

女人並非「老是」以負面消極的形象出現。那些色情圖片中扮演性虐待角色的妓女，以鞭子、馬刺、小刀全副武裝起來的形象，又是怎麼回事呢？

色情刊物揭露男人對女人及自己無能的焦慮感，而以對女性恐懼及仇恨的形式表現出來。就像渥金說的，這不是生理上，而是文化上的問題，它是可以改變的。

婚姻誓言中沒有寫下來的條款：「妳同意提供這個男人家庭勞力、性和感情的服務，以交換賺麵包的他的經濟支持？」

婦女在工作、政治及文化世界中，是居於次等的社會地位……

……而在家庭「裡頭」，和一個特定男人的關係，也是居於次等地位……

這兩個領域很明顯的互相反映並強化！

如果妳在成長過程中，懷抱平等及擁有事業的希望，卻突然發現自己困在家中帶小孩，那是極為痛苦的。

母性在我們這個社會被捧上天了——但現實生活中的母親，卻承受過多的工作及擁有過少的睡眠，並且得不到社會上任何協助。

男性主導的政府只會攻擊單親媽媽、貧窮母親，或無法承擔責任的母親——然而在免費托管小孩的設施、兒童福利或孕婦補貼上，卻無法提供任何幫忙。

對許多女人而言，和自己孩子的關係是生命中最珍貴的事物。但是我們如何能同時做好人類和母親？我們如何能將母性融入公民身分及工作之內？

另一方面，父性是完全不同的一回事！

「在我們當前的社會狀態中，母性是束縛女人的符號、封印、方法及方式。它由女人自身的血肉打造出鐵鍊，它由女人自己的愛和本能中編織出絲弦來。」

（英國小說家墨娜・凱德 Mona Caird, 1894）

假如全職上班的婦女被迫感到自己是不稱職的母親，則女性的特質便會消失。同時，經濟上完全依靠男人的女人，在撫養小孩長大時，會被迫感到她們不是正常的人。在今日雙親的角色扮演上，男人宣稱扮演比女人更重要的角色。然而 90% 照顧小孩的責任是在女人身上。不論是全職、非全職工作的婦女，或者是照顧他人小孩的婦女，皆是如此。

現代人造建築的空間像盒子般只能容納小家庭居住。

看顧小孩問題引發女性主義意識中的另一項中心議題。我們目前所知的男、女性之「天性」，就像約翰·米勒及其他女性主義先驅者所相信的，完全是人為的嗎？

性別之間有任何「天生」的不同嗎？除了我們被鼓勵、教育及恫嚇接受的「男」「女」差別外，還有其他天生的不同嗎？

現在我們待在家裡，爹地說。

彼得幫助爸爸整理車子，而珍幫助媽媽準備茶點。

好女孩，媽咪對珍說。妳能夠這樣幫助我，真是個好女孩。

好女孩，乖女孩

我們不可能知道真正的不同是什麼，除非我們盡可能提供小孩各種選擇，以發掘什麼是他們能夠成為及能夠做的——並且給他們自由選擇双親偶像的機會！

家庭暴力

自十九世紀工業資本主義興起以來，由雙親及小孩組成的
「小家庭」，一直是男人在血淋淋的工作世界外的平靜避
難所。
大多數的暴力犯罪發生在家庭內。而十九世紀的女性主義
者，則怪罪於酒精，認為那是造成家庭暴力的原因。
它真的是女人和小孩的避風港嗎？

今日我們認為，使女人成為次等人
類的乃是女人對男人的經濟依賴，
這是比酒精或「心理」問
題更重要的議題。

許多國家中的女性主義者持續舉辦活動，以鼓吹提供避難
所給被毆打的婦女及小孩——提供女性可以重建她們的生
活，並在居住、工作、學校及財務問題上得到建議的地方
。

來自亞洲及其他少數民族社區的被施暴婦女，在她們試圖逃離暴力家庭時，則要面對語言、文化及宗教等更大的問題。

我不願意讓我的小孩在避難所中，面對來自白人的種族歧視——或種族主義者的攻擊，如果我要在自己族裔社區外建立新家庭的話。

若法院對我的丈夫或兄弟強制管束，他們將被警察局拘留或驅逐出境。

如果我被驅逐出境，則離開丈夫後的任何男女關係，我可能被回教律法處以死刑。

孤立家庭中的婦女與小孩，受到男性威權暴政的威脅最大——卻可以在女性輔助團體密集的社區中，得到最大的安全感。

男性控制女性生殖，以進一步控制她們性慾的問題，一直
是壓迫女性的核心。

當代女性主義者在女性生產及控制受孕的醫藥應用上，已
由男性偏見及自私的曖昧歷史中解放出來。

在五千年前的中國藥書中，希臘及羅馬的文學中，以及阿
拉伯的醫藥論文中，都有墮胎的處方。

接生婆、女性醫療師及「有智慧的女性」都是在所謂的「
原始」社會中受到尊崇的人物。在中古時代的歐洲，接生
婆就已發展出精密具草藥療效的自然處方。

避孕工具早就存在，融化蜂蠟結成的薄片是一種子宮頸避
孕器。浸泡檸檬汁的海綿被用作殺精蟲劑。而由不同材料
做成的保險套，數千年前便已存在。

我們能夠防止或
刺激避孕，加速
或減輕生孩子時的陣痛。

自十六世紀開始，一項迫害接生婆及醫療師的官方策略正式進行。當時歐洲各國通過一項法律，那是特別設計以將婦女排除在由男性控制、「具權威性」的新醫學專業領域外。

在1486年的一本追捕女巫指南中有如下陳述……

「如果女人沒有研讀過醫學便進行治療，她便是一個巫婆，而必須處死。」

而這幾個世紀以來，男性主控的西方醫藥界，又有多少「進步」呢？

在十九世紀中葉的歐洲及美國，墮胎首次正式成為非法行為。

婦科醫生一向被帶有極端種族歧視和反女性的意識所利用，來控制人口。美國國際發展組織（US Agency for International Development）贊助的一項計畫，為 35% 生育年齡的波多黎各婦女進行了結紮。在 1973 年至 1976 年的三年間，有三千四百零六名美國印地安婦女被結紮了。

白人的集體屠殺並不只是停留在殺「人」而已。

生產已不再是女人「做」的事，而是發生「在」女人身上的事。男性專家操縱了子宮，隨著在醫院生產個案的持續增加，帶來的是更多的無知。

新的科技以及一般性的麻醉藥，已成了固定使用的方式，因為這樣更方便醫生接生。

生產的醫療過程「需要」女人躺平、麻醉、施以強烈的藥物，並且被管線、點滴及控制器綁住。簡而言之，結合各種各樣方法以使女人動彈不得。

社區健康團體的女性主義者、生育主動權運動（Active Birth Movement），以及激進助產士協會（Radical Midwives Association）都試圖恢復女性在生產中的權利。

生產中平躺下來是錯誤的姿勢。

嬰兒的頭朝下推向會陰，造成撕裂肌肉的危險，而需要痛苦的縫合手術。

更好、更靈活的生產姿勢，可以協助我們將嬰兒的頭推向正確的位置。

平躺在那兒帶來無助感。

如果平躺下來便無法使用背部、肚子及下腹的有力肌肉。

地心引力會「協助」生產，而不是「阻止」生產。

裸女的圖片四處張貼，但女性身體的「真實面」，對我們自己而言，都還是個禁忌。婦女自助團體教導其他女性，如何自己做子宮頸測驗及懷孕測驗。如果我們了解自己每個月排卵及月經週期，我們便較能夠自己選擇何時要受孕。

古代繁殖女神的雕像，顯示女性對自己的繁殖力感到喜悅且充滿驕傲。這些雕像生小孩的姿勢，是強壯、自在的站立著面對未來。或許今日的女性們，可以從這些古代的母親所展現的形象中，捕捉到力量與驕傲。

1）計畫生育

女人有其他機會可供選擇時，出生率總是下降

女人越陷入家庭生活，越得不到自我成長希望的地方，出生率總是最高的。

男性專家給我們某些致命的避孕藥，像是達爾肯護膜（Dalkon Shield）…

…而跨國製藥公司將這些藥物大量「用」到誰的身上呢？

是在第三世界國家的可憐女人，她們被用來當作試驗後，卻得不到消除後遺症的藥物！

## 2）墮胎

鼓吹懷孕婦女有自由選擇墮胎權利的活動，造成北美國家及許多歐洲國家，在七〇年代通過准許墮胎合法化的法律——雖然通常是醫生而非女性本身，有做最後決定的權力。

不論決定是否要墮胎，懷孕婦女需要實用和情感上的支持，而不是說教。通常這都是偷偷決定的，而它的代價卻要由女人來承擔。

生殖技術

女性主義者對生殖技術的最新發展，有不同的意見。

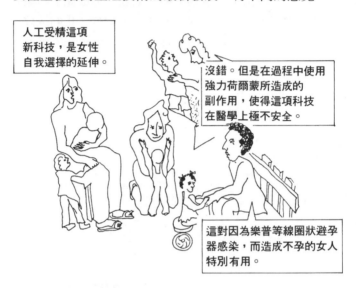

人工受精這項
新科技，是女性
自我選擇的延伸。

沒錯。但是在過程中使用
強力荷爾蒙所造成的
副作用，使得這項科技
在醫學上極不安全。

這對因為樂普等線圈狀避孕
器感染，而造成不孕的女人
特別有用。

人工授精提供女人可以不用和男人發
生關係便懷孕的機會……

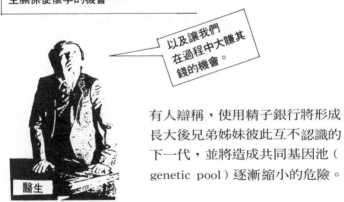

以及讓我們
在過程中大賺其
錢的機會。

醫生

有人辯稱，使用精子銀行將形成
長大後兄弟姊妹彼此互不認識的
下一代，並將造成共同基因池（
genetic pool）逐漸縮小的危險。

人類目前所面對的最大潛在危機便是基因工程。完全相同的小牛已經複製成功，而人類無性複製，在技術上已經是有可能的。整個過程目前尚未公開，因為那是「社會不能接受的」。但並未能阻止私下進行的試驗。

這些晚期的科學怪人，正威脅人類的民主權利。為了我們的利益，對生殖的控制，應該回歸擁有生育能力的女人身上。

工作的定義必須包括維持人類生存的「所有」勞力。這表示煮飯、清掃和採礦、農業具有同等重要性。替嬰兒換尿片，也不輸於蓋醫院。這些都是**工作**。

問題出在半數的任務是付錢的「正式」工作，另外一半則是不付錢而**期望**女人免費在家做的（除非付錢請另一個女人來做）。

**數個世紀以來，我們一直困在重複家裡工作的情境中……**在「家」中，我們煮飯、清掃、清洗衣物、買菜、照顧小孩，在他們生病時看護他們，並且伺候男人……接下來我們出門去「上班」，我們工作場所包括食品及外燴業、成衣業、商店助理……

……我們在學校中照顧小孩，在孩子們遊戲時看顧他們，我們在健康服務業上班……

……其他工作性質有秘書和個人助理、空中小姐、藝人、妓女及其他種的性工作人員……我們照顧男人！

因為大部分婦女工作性質是以性別為區分，大部分「平等待遇」的法令都無法生效——因為沒有男人做女人的工作！

**美國婦女的工資是男性的三分之二，女性藝術家賺的只有男性藝術家的三分之一，**

英國男人的家是他的城堡，所以讓他去清掃！

而結果是什麼？婦女佔世界一半人口，全世界工作時數的三分之二是由女性完成的，而女性的收入只佔全球的十分之一，女性擁有的資產只佔全體的百分之一。

（聯合國報告，1980）

照顧小孩當然是重要的——但是難道這對男人便不重要嗎？**除非男人也承擔起他們照顧小孩及家庭勞力的工作，女性的經濟地位永遠不可能和男人相同且平等！**

這同樣也可以運用到工作時數上：任何人都不可能照顧好小孩，如果他們一天工作十個小時以上。

我們要：較短的工作時數！停止在辦公場所及家中的性別區分！

**贏得一席之地……**

達二百年歷史的女性主義，鼓舞不少女性攻下男人領域的大門。數量雖小但具意義的少數女性，侵入到醫藥、法律、大學及政治的領域。現在已有女性木匠、水管工人及士兵，婦女已開始在證券交易中心、科學研究、管理及媒體內工作。

奮鬥是很艱難的。在男性領域工作的婦女，面對的是來自男人的排斥及歧視。這些男人認為，如果准許女性參與做同樣事情，則工作便會被降級。我們面對有敵意的笑話及性騷擾。男人彼此之間的支援，女性卻得不到只有少得可憐的支援。當我們工作疲累回到家時，也沒有關心我們的太太照顧我們、支持我們、滋潤我們受傷的自我！

在許多工作領域中的女性，紛紛為自己成立支援系統。專業領域中的女性團體，召開非正式會議，以分享彼此的問題，並要求更好的工作環境。

### 碰到透明的極限

勞力市場致命的競爭本質，同時也意味著女性彼此之間的競爭。

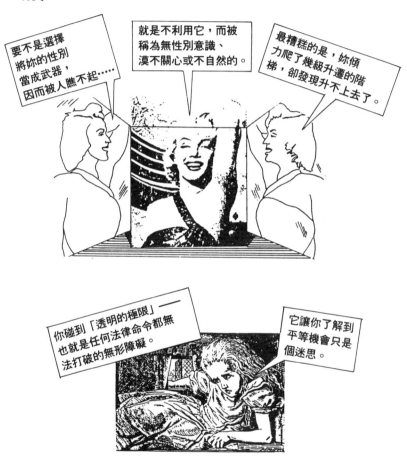

「透明的極限」讓妳看得到自己的目標，
卻無法達到這個目標。

在其發展過程中，女性主義已持續面對過許多險惡的攻擊。一九七〇年代，在女性完成不少建樹之後，一股男性「反挫」勢力在美國發展開來。

1986 年，哈佛與耶魯大學聯合進行一項調查，目的在於「證明」二十九歲以上、受過大學教育女性的結婚機率低於 20%。這項調查結果目前已證實為令人懷疑且不名譽。但當年美國的媒體對其結果為之瘋狂，也大肆報導。其他的「專家」亦趁機加入，宣稱全職工作的女性會變得不孕、寂寞且不快樂，會得到心臟方面的疾病，頭髮容易脫落，同時私底下「渴望婚姻和安全感」。

男性要傳遞的訊息是很明顯的：平等、女性主義以及獨立，使得女人變得很悲慘，而女人的地位是在家裡，她應該溫順、溫柔，並且只要會烤餅乾便成了。而且女人要**趕快**回到廚房去！

女性站起來反抗這項陰謀。

在哈佛、耶魯的聯合調查背後的真正事實是，許多女性「選擇」延後結婚年齡或乾脆同居不結婚。

今日社會對生活在其中的婦女，造成很大的壓力。但是女性主義是一部分答案，而非問題的一部分！

我們前面仍有一段漫漫長路要走！

甚至在一些所謂的「先進」國家中，女性**真正**得到了多少？在女性主義發展的二百年來，我們真正得到我們要爭取的每一樣東西嗎？完全的平等爭取到了嗎？女性主義結束了嗎？讓我們看看具有悠久女性主義戰鬥歷史的英國吧！

尚未。英國婦女的待遇是男人的三分之二（全球的平均數字是十分之一）。大部分女性的工作性質是以性別為區分的，因此「平等待遇」的法律命令無法幫助女性。

## 女性得到平等工作機會了嗎？

尚未。大多數女性的工作是她們在家庭內「照顧、煮飯、清洗」傳統角色的延伸：也就是健康、教育服務、外燴、成衣業、商店助理及清潔工等較低層級的工作。在英國政府單位主管只有 3% 是女性，女性法官只有 4%，另一方面有 70% 的基層僱員是女性。相反，管理階層的女性只有 11%。

### 女性得到平等的政治及公民權了嗎？

尚未。女性國會議員只有 7%，地方政府主管官員也只有 4%為女性，公民服務的永久性部長職位是女性的只有 0. 2%。女性要競選議會候選人之前，要先為如何安排帶小孩這個問題而煎熬（或者為找尋不生小孩的理由而苦惱），而男人永遠不需面對這個問題。

免費看管小孩，住家附近以及工作地點的育嬰及托兒所的條款在哪兒呢？

在英國，兩個小孩以下基本上不適用免費托嬰條款。在世界其他各地也極少適用。

### 有需要的女性能夠得到免費、安全的避孕及墮胎嗎？

自墮胎在英國合法化以來，能不能夠墮胎一直是（大部分）由男性醫師做決定（幾乎全英國都是同一狀況）。而在墮胎尚未合法化的地方，則由非法的打胎者及警察來決定。目前避孕研究獲得的資助只是武器研究的十萬分之二。

### 女性得到生活及愛情獨立的自由嗎？

低級趣味的小報內容不斷攻擊女同性戀，特別是同性戀媽媽。但事實顯示，沒有男人家庭的小孩，受到虐待的比例減少了 94%。

### 女性得到免於強暴及家庭暴力的自由嗎？

相反的，各種針對女性的暴力行為，近年來隨著失業率的上升，及上漲的社會緊張氣氛，正持續增加中。

自瑪莉・伍史東考夫特第一次提起筆
以來，我們已經走過一段漫漫長路……
瑪麗莎・汝艾達
Marisa Rueda
瑪塔・羅德瑞古茲
Marta Rodriguez
蘇姍・愛莉絲・瓦特金斯
Suean Alice Watkins
而最好的
還在未來。

| 國家 | 婦女投票權 | 平等權利 | 合法墮胎 |
|------|-----------|---------|---------|
| 阿根廷 | 1947 | 1947 | 尚未 |
| 巴西 | 1932 | 1962 | 尚未 |
| 英國 | 1918 | 1975 | 1967 |
| 加拿大 | 1918<br>（當地居民，1960） | 1977 | 1969 |
| 中國 | 1949 | 1952 | 1955 |
| 法國 | 1946 | 1983 | 1979 |
| 德國（西德） | 1919 | 1949 | 1976 |
| 印度 | 1950 | 1950 | 1975 |
| 愛爾蘭 | 1922 | 尚未 | 尚未 |
| 義大利 | 1945 | 1947 | 1978 |
| 日本 | 1945 | 1947 | 1948 |
| 尼加拉瓜 | 1977 | 1979 | 尚未 |
| 葡萄牙 | 1976 | 1976 | 尚未 |
| 俄國 | 1917 | 1917 | 1920 |
| 美國 | 1919 | 尚未 | 1973 |

# Further reading...

## Feminist classics

**Mary Wollstonecraft**, *A Vindication of the Rights of Women* (1792). Unique founding statement, full of anecdotes, lively indignation and plain common sense.

**John Stuart Mill**, *The Subjection of Women*. (1869) A thoroughly decent chap - a model to all his sex - takes up arms in this unanswerable blast against the injustice of one half of the human race being subordinated to the other.

**Sylvia Pankhurst**, *The Suffragette Movement*. The inside story, full of incidental detail and intrigue. As good as a novel.

**Simone de Beauvoir**, *The Second Sex*. (1949) Witty, intelligent and scathing, an encyclopaedic account of how women are 'made'.

**Sheila Rowbotham**, *Woman's Consciousness, Man's World* (1973) Call-to-arms by one of the most influential writers of the women's movement's 'Second Wave'.

## The Women's Movement

**Anna Coote, Bea Campbell**, *Sweet Freedom*. British feminism in the 70s and 80s.

**Angela Neustatter**, *Hyenas in Petticoats*. The women's movement, now and then.

**Robin Morgan**, ed., *Sisterhood is Global*. Invaluable directory of women's movements in over 70 countries.

**Susan Faludi**, *Backlash*. Looks at recent anti-feminist developments.

## Women's Identity, Body Politics

**Angela Phillips and Jill Rakusen**, *Our Bodies, Ourselves*. Classic women's health handbook.

**Naomi Wolf**, *The Beauty Myth*. Takes the beauty and fashion industry to pieces.

**Susie Orbach**, *Fat is a Feminist Issue*. Explores women's troubled relationship to food.

**Anne Dickson**, *A Woman in Your Own Right*. D-I-Y guide to self-assertiveness and self-expression.

**Sheila Ernst and Lucy Goodison**, *In Our Own Hands*. Introduction to self-help therapy for women.

**Juliet Mitchell**, *Psychoanalysis and Feminism*. Seminal work, making the connections.

## Sexuality

**Jane Mills**, *Make it Happy, Make it Safe*. Sympathetic guide to sex for young people.

**Anne Dickson**, *The Mirror Within*. Self-help exploration of female sexuality from a woman's point of view.

**Lillian Faderman**, *Surpassing the Love of Men*. Historical account spanning 3 centuries of lesbian lives and loving relationships between women.

**Susan Brownmiller**, *Against Our Will*. Classic analysis of rape and sexual violence.

**Varda Burstyn**, *Women Against Censorship*. Seminal collection of essays on the pornography debate.

**Lynne Segal, Mary McIntosh,** *Sex Exposed.* Explores issues of imagery, sexuality and desire.

## Motherhood and Families
**Ann Oakley,** *From Here to Maternity.* Interviews with women about their experiences of pregnancy and childbirth.
**Adrienne Rich,** *Of Woman Born.* Classic exploration of the contradictions of motherhood.
**Ursula Owen,** *Fathers and Daughters.* Daughters spill the beans.
**Louise Rafkin,** *Different Mothers* and *Different Daughters.* Two books of interviews - women talking about having lesbian daughters, children talking about having lesbian mums. Warm, funny, very human.
**Elizabeth Wilson,** *What is to be Done about Violence against Women?* Down to earth look at the problems - and possible solutions.

## Black Studies, Race and Gender
**Angela Davis,** *Women, Race and Class.* Wide-ranging historical analysis.
**bell hooks,** *Ain't I a Woman.* Personal and historical account of the devaluation of black women, arguing that the struggles against racism and sexism must be intertwined.
**Swasti Mitter,** *Common Fate, Common Bond: Women in the Global Economy.* Survey of women's role in the international labour force.
**Gita Sahgal, Nira Yuval-Davis,** *Refusing Holy Orders.* Pioneering

and passionate feminist response to the new religious fundamentalisms.

## Women's culture
The modern women's movement has unleashed a whole renaissance in the field of culture. **Maya Angelou, Lisa Alther, Margaret Atwood, Pat Barker, Toni Cade Bambara, Angela Carter, Anita Desai, Janet Frame, Maxine Hong Kingston, Sara Maitland, Toni Morrison, Suniti Namjoshi, Nawal el Saadawi, Alice Walker** and **Marina Warner** are just a few of the women writers, poets, playwrights, novelists, historians, biographers and science fiction writers - not to mention the visual artists, film-makers, painters, sculptors, cartoonists, photographers and designers, actresses, dancers, performance artists, musicians, singers, song-writers - who have helped to explore previously uncharted territory over the last few decades.

## Women's studies
Most colleges now offer women's studies courses, exploring the latest developments in feminist theory. The Open University has brought out a series of books as an introduction to their Women's Studies course - *Imagining Women, Defining Women, Knowing Women, Inventing Women.* Another introduction is *On the Margins: Women's Studies in the 90s,* edited by **J. Aaron** and **S. Walby.** Ring your local college for more details.

**蘇姍・愛莉絲・瓦特金斯**（Susan Alice Watkins）：住在倫敦，是一位自由撰稿作家。她於 1973 年在牛津有生以來第一次參加一個所謂喚醒意識的團體。自那時候起，她便積極參與鼓吹墮胎活動、婦女工會組織、育嬰、幼稚園組織，以及和平運動。

**瑪麗莎・汝艾達**（Marisa Rueda）：出生於布宜諾斯艾利斯。自 1974 年便住在倫敦，是個社區藝術家，卻獻身於人權的工作。她的雕塑作品廣泛的出現在女性團體展及個展中。瑪麗莎將此書貢獻給她的女兒克麗絲汀娜……

**瑪塔・羅德瑞古茲**（Marta Rodriguez）：也是出生於布宜諾斯艾利斯。同樣自 1974 年起便住在倫敦。她的工作是義工及社區組織的自由設計師。她一直積極參與婦女活動團體、拉丁美洲人權及團結工作，也曾在阿根廷展出作品，並二度到尼加拉瓜旅行。

# 羅洛‧梅 Rollo May

### 愛與意志
生與死相反，
但是思考生命的意義
卻必須從死亡而來。

ISBN:978-957-0411-23-2
定價：380元

### 自由與命運：
### 羅洛‧梅經典
生命的意義除了接納無
可改變的環境，
並將之轉變為自己的創造外，
別無其他。
中時開卷版、自由時報副刊
書評推薦
ISBN:978-986-6513-93-0
定價：360元

### 創造的勇氣：
### 羅洛‧梅經典
若無勇氣，愛即將褪色，
然後淪為依賴。
如無勇氣，忠實亦難堅持，
然後變為妥協。

中時開卷版書評推薦
ISBN:978-986-6513-90-9
定價：230元

### 權力與無知：
### 羅洛‧梅經典
暴力就在此處，
就在常人的世界中，
在失敗者的狂烈哭聲中聽到
青澀少年只在重蹈歷史的覆轍。

ISBN:978-986-360-068-8
定價：350元

### 哭喊神話
呈現在我們眼前的....
是一個朝向神話消解的世代。
佇立在過去事物的現代人，
必須瘋狂挖掘自己的根，
即便它是埋藏在太初
遠古的殘骸中。

ISBN:978-986-360-075-6
定價：380元

### 焦慮的意義
焦慮無所不在，
我們在每個角落
幾乎都會碰到焦慮，
並以某種方式與之共處。

聯合報讀書人書評推薦
ISBN:978-986-7416-00-1
定價：420元

# 尤瑟夫‧皮柏 Josef Pieper
二十世紀最重要的哲學著作之一

## 閒暇：一種靈魂的狀態 誠品好讀重量書評推薦
**Leisure, The Basis of Culture**
德國當代哲學大師經典名著

**本書摧毀了20世紀工作至上的迷思，**
**顛覆當今世界對「閒暇」的觀念**
閒暇是一種心靈的態度，
也是靈魂的一種狀態，
可以培養一個人對世界的關照能力。

ISBN:978-986-360-107-4
定價：280元

# C. G. Jung 榮格對21世紀的人說話
## 發現人類內在世界的哥倫布

榮格早在二十世紀即被譽為是
二十一世紀的心理學家，因為他的成就
與識見遠遠超過了他的時代。

榮格（右一）與弗洛依德（左一）在美
國與當地學界合影，中間為威廉‧詹姆
斯。

### 人及其象徵：
榮格思想精華
Carl G. Jung ◎主編
龔卓軍 ◎譯

中時開卷版書評推薦
ISBN: 978-986-6513-81-7
定價：390元

### 榮格心靈地圖
人類的先知，
神秘心靈世界的拓荒者
Murray Stein◎著
朱侃如 ◎譯
中時開卷版書評推薦
ISBN: 978-986-360-082-4
定價：320元

### 榮格‧占星學
重新評估榮格對
現代占星學的影響
Maggie Hyde ◎著
趙婉君 ◎譯

ISBN: 978-986-6513-49-7
定價：350元

### 導讀榮格
超心理學大師
榮格全集導讀
Robert H. Hopcke ◎著
蔣韜 ◎譯

ISBN: 978-957-8453-03-6
定價：230元

### 榮格（漫畫）
認識榮格的開始
Maggie Hyde ◎著
蔡昌雄 ◎譯

ISBN: 957-9935-91-2
定價：195元

### 大夢兩千天
神話是公眾的夢
夢是私我的神話
Anthony Stevens ◎著
薛絢 ◎譯

ISBN: 978-986-7416-55-1
定價：360元

### 夢的智慧
榮格的夢與智慧之旅
Segaller & Berger ◎著
龔卓軍 ◎譯

ISBN: 957-8453-94-9
定價：320元

**文化與抵抗**
- 2004年聯合報讀書人
  最佳書獎

**威瑪文化**
- 2003年聯合報讀書人
  最佳書獎

**在文學徬徨的年代**
- 2002年中央日報十大好
  書獎

**上癮五百年**
- 2002年中央日報十大好
  書獎

**遮蔽的伊斯蘭**
- 2002年聯合報讀書人
  最佳書獎
- News98張大春泡新聞
  2002年好書推薦

**弗洛依德傳**
（弗洛依德傳共三冊）
- 2002年聯合報讀書人
  最佳書獎

**以撒‧柏林傳**
- 2001年中央日報十大
  好書獎

**宗教經驗之種種**
- 2001年博客來網路書店
  年度十大選書

**文化與帝國主義**
- 2001年聯合報讀書人
  最佳書獎

**鄉關何處**
- 2000年聯合報讀書人
  最佳書獎
- 2000年中央日報十大
  好書獎

**東方主義**
- 1999年聯合報讀書人
  最佳書獎

**航向愛爾蘭**
- 1999年聯合報讀書人
  最佳書獎
- 1999年中央日報十大
  好書獎

**深河(第二版)**
- 1999年中國時報開卷
  十大好書獎

**田野圖像**
- 1999年聯合報讀書人
  最佳書獎
- 1999年中央日報十大
  好書獎

**西方正典(全二冊)**
- 1998年聯合報讀書人
  最佳書獎

**神話的力量**
- 1995年聯合報讀書人
  最佳書獎

國家圖書館出版品預行編目資料

女性主義：思潮與大師經典漫畫／Susan Alice Watkins 文字：Marisa Rueda, Marta Rodriguez 繪畫；朱侃如譯.

　　面；公分－－（啟蒙學叢書；3）

　　譯自：Feminism for Beginners

　　ISBN 978-986-360-110-4（平裝）

　　1.女性主義 2.漫畫

544.52　　　　　　　　　　　107008811

# 女性主義：思潮與大師經典漫畫
## FEMINISM FOR BEGINNERS

出版——立緒文化事業有限公司（於中華民國 84 年元月由郝碧蓮、鍾惠民創辦）
文字作者——Susan Alice Watkins
漫畫作者——Marisa Rueda, Marta Rodriguez
譯者——朱侃如

發行人——郝碧蓮
顧問——鍾惠民

地址——新北市新店區中央六街 62 號 1 樓
電話——(02)22192173
傳真——(02)22194998
E-Mail Address: service@ncp.com.tw
網址：http://www.ncp.com.tw
劃撥帳號——1839142-0 號　立緒文化事業有限公司帳戶
行政院新聞局局版臺業字第 6426 號

總經銷——大和書報圖書股份有限公司
電話——(02)8990-2588　傳真——(02)2290-1658
地址——新北市新莊區五工五路 2 號
排版——文盛電腦排版有限公司
印刷——祥新印刷股份有限公司

法律顧問——敦旭法律事務所吳展旭律師
版權所有・翻印必究
分類號碼——544.52
ISBN 978-986-360-110-4
出版日期——中華民國 84 年 10 月 20 日初版　一刷(1～3,000)
　　　　　　中華民國 86 年 3 月～98 年 12 月二版　一～六刷(1～6,700)
　　　　　　中華民國 107 年 6 月三版　一刷(1～600)

The Beginners Series: Introducing Feminism
Copyright © 1992 by Susan Alice Watkins, Marisa Rueda and Marta Rodriguez.
Chinese Language Edition Arranged with Icon Books Ltd.
Through Big Apple Tuttle-Mori Agency, Inc.
Chinese Language Copyright © 1995 by New Century Publishing Co., Ltd.
All Rights Reserved.

定價◎250 元

# 立緒文化事業有限公司　信用卡申購單

■信用卡資料

信用卡別（請勾選下列任何一種）

□VISA　□MASTER CARD　□JCB　□聯合信用卡

卡號：＿＿＿＿＿＿＿＿＿＿＿＿＿＿＿＿＿＿＿

信用卡有效期限：＿＿＿＿＿年＿＿＿＿＿月

訂購總金額：＿＿＿＿＿＿＿＿＿＿＿＿＿＿

持卡人簽名：＿＿＿＿＿＿＿＿＿＿＿＿＿（與信用卡簽名同）

訂購日期：＿＿＿＿年＿＿＿＿月＿＿＿＿日

所持信用卡銀行＿＿＿＿＿＿＿＿＿＿＿＿

授權號碼：＿＿＿＿＿＿＿＿＿＿＿（請勿填寫）

■訂購人姓名：＿＿＿＿＿＿＿＿＿＿＿　性別：□男□女

出生日期：＿＿＿＿年＿＿＿＿月＿＿＿＿日

學歷：□大學以上□大專□高中職□國中

電話：＿＿＿＿＿＿＿＿＿　職業：＿＿＿＿＿＿＿＿＿

寄書地址：□□□

＿＿＿＿＿＿＿＿＿＿＿＿＿＿＿＿＿＿＿＿＿＿＿

■開立三聯式發票：□需要　□不需要（以下免填）

發票抬頭：＿＿＿＿＿＿＿＿＿＿＿＿＿＿＿＿＿

統一編號：＿＿＿＿＿＿＿＿＿＿＿＿＿＿＿＿＿

發票地址：＿＿＿＿＿＿＿＿＿＿＿＿＿＿＿＿＿

■訂購書目：

書名：＿＿＿＿＿＿＿、＿＿＿本。書名：＿＿＿＿＿＿＿、＿＿＿本。

書名：＿＿＿＿＿＿＿、＿＿＿本。書名：＿＿＿＿＿＿＿、＿＿＿本。

書名：＿＿＿＿＿＿＿、＿＿＿本。書名：＿＿＿＿＿＿＿、＿＿＿本。

共＿＿＿＿＿本，總金額＿＿＿＿＿＿＿＿＿＿＿元。

⊙請詳細填寫後，影印放大傳真或郵寄至本公司，傳真電話：(02)2219-4998